Die Originalausgabe erschien unter dem Titel
„Mon premier copain des chevaux" bei MILAN.

In neuer Rechtschreibung

Aus dem Französischen von
Maria Hoffmann-Dartevelle

1. Auflage 2002

ISBN 3-401-08255-8

Jean-François Ballereau

Mein erstes Buch der Pferde und Ponys

Illustrationen von Danièle Schulthess
und Laurence Cleyet-Merle

EDITION BÜCHERBÄR

INHALT

1 – PFERDE ENTDECKEN 8

2 – ERSTES TREFFEN MIT DEN PONYS 46

3 – EIN PONY REITEN 70

4 – PFERDE BESSER KENNEN LERNEN 102

5 – PONYSPIELE 126

6 – GROSSE REITER AUS ALLER WELT 146

7 – PFERDE-GESCHICHTEN 162

1 – PFERDE ENTDECKEN

Kraft, Schönheit und Stolz –
all das besitzt das Pferd.
Lerne es kennen und es wird
dein treuer Begleiter sein,
ein Spielgefährte
und ein Freund fürs Leben.

Wo siehst du Pferde?

In der Stadt oder auf der Landstraße siehst du Pferde nur noch selten. Denn schon vor langer Zeit haben Autos und Traktoren sie ersetzt. Trotzdem gibt es noch so manchen Ort, an dem du diese Tiere entdecken und etwas über sie erfahren kannst.

Im Fernsehen

Im Fernsehen gibt es viele Tiersendungen. Manche von ihnen handeln von Pferden. Schau sie dir an und bewundere die Schönheit dieser Tiere! Hin und wieder kannst du Pferde auch in Sportprogrammen sehen … Suche dir selbst in eurer Fernsehzeitschrift Sender und Uhrzeit heraus!

Im Kino

In vielen Kinofilmen galoppieren Reiter über die Leinwand: Cowboys, Ritter aus dem Mittelalter oder Musketiere … deine Helden! Manche Filme schildern auch die Geschichte und die Abenteuer eines berühmten Pferdes, zum Beispiel von Fury, dem schwarzen Hengst.

Veranstaltungen mit Pferden

Wenn du aber einmal richtige Pferde aus Fleisch und Blut sehen möchtest, dann bitte deine Eltern, dass sie dich zu einem Ponyhof oder Reitstall mitnehmen, die es sicher auch bei dir in der Nähe gibt. Außerdem kannst du Turniere und Reitvorführungen besuchen. Es wird dir riesigen Spaß machen, dabei zu sein und die Leistungen der Pferde und Reiter zu bewundern!

Pferdemarkt

In vielen Gegenden gibt es noch traditionellle Pferdemärkte. Dort kann jedermann sein Pferd vorstellen und bewerten lassen. Verkauft wird allerdings meist nicht mehr.

Pferdefachmessen

Das sind große Märkte mit vielen Veranstaltungen rund um das Pferd. Die Pferdevereine oder Verbände haben Informationen darüber, wo und wann solche Veranstaltungen stattfinden.

Ponyreiten

Du bist noch nie geritten? Probiere es einfach einmal aus. Vielleicht bist du aber schon ein kleiner Reiter oder eine kleine Reiterin. Auch dann kannst du einige Runden auf einem Pony reiten und dich dabei ein wenig verbessern. Und vor allem Spaß haben!

Bei den Händlern

An den Ständen findest du alles, was Pferd und Reiter so brauchen: Sättel, Zaumzeug und Geschirr, Futter, tiermedizinische Produkte, Pferdetransporter, Material zum Hufbeschlagen, Fachzeitschriften, Reiterkleidung sowie Informationen über Reitkurse und Reitausflüge in aller Welt. Dort werden auch Pferdebücher verkauft.

Pferdeschauen

Auf einer Pferdemesse gibt es außerdem eine Vielzahl unterschiedlichster Reit- und Pferdeschauen, bei denen viele spektakuläre Darbietungen zu bestaunen sind: Dressurvorführungen, Reiterspiele und Verkleidungswettbewerbe.

Wettbewerbe und Turniere

Tagsüber finden verschiedene Wettbewerbe statt. Dabei sollen die Züchter der einzelnen Rassen für ihre schönsten Pferde belohnt werden. Auch Reitturniere stehen auf dem Programm. Manche finden spätabends statt, wenn du eigentlich schon ins Bett müsstest …

Zugpferde

Weil diese großen und kräftigen Pferde ruhig und gutmütig sind, nennt man sie „Kaltblüter“.

Kummet

• **PERCHERON**

Der Percheron kommt aus Frankreich, aber er ist auf der ganzen Welt beliebt. Intelligent und robust, bewegt er sich zugleich mit großer Eleganz. Die Japaner spannen ihn gerne vor Schlitten, mit denen sie Wettrennen auf Gras veranstalten.

Gutmütige Kolosse

Kaltblüter sind so sanftmütig, dass du sie ohne Probleme selbst führen könntest. Meistens werden sie als Zugpferde verwendet. Sie ziehen schwere Lasten und Kutschen.

• BOULONNAIS

Lange Zeit war er das Pferd der Landwirte und Gemüseanbauer in der Gegend von Boulogne in Nordfrankreich. Heute wird er nicht mehr vor den Pflug gespannt. Teilweise aber hilft er an der Küste immer noch den Fischern bei der Arbeit. Einen Reiter auf dem Rücken und das Wasser bis zu den Schultern, zieht er das Krabbennetz.

• COMTOIS

Er wird in der französischen Region Franche-Comté gezüchtet und ist ein sehr energisches, aber gutmütiges Gebirgspferd mit sicherem Tritt. Vielfach wird er zum Holztransport benutzt, muss also gefällte Baumstämme aus dem Wald ziehen. Wenn für einen allein die Last zu schwer ist, spannt man mehrere Comtois hintereinander.

Reitpferde

Als Reitpferde eignen sich Pferde verschiedenster Rassen. Es sind schlanke, dynamische und schnelle Tiere, die deswegen für die Arbeit unterm Sattel benutzt werden.

Früher

Einst ermöglichten Reitpferde den Menschen das Reisen. Die Reiter wechselten ihr Pferd in Haltestationen, die sich entlang des Weges befanden. Auch die Post wurde mit dem Pferd befördert. Man jagte im Sattel. Und auf dem Rücken der Pferde zog man in den Krieg.

Heute

Manche Menschen arbeiten auch heute noch zu Pferde. Die meisten sind Viehhüter wie die Cowboys oder die Gauchos.

Doch in heutiger Zeit werden Reitpferde vor allem als Freizeit- und Sportpferde gehalten.

• DAS ARABISCHE VOLLBLUT

Die Araber nannten dieses Pferd „Windtrinker". Vor allem weil es schnell und ausdauernd ist, aber auch weil eine arabische Legende erzählt, Gott habe es aus einer Hand voll Südwind geschaffen. Es ist so voller Anmut, Würde und Eleganz, dass man es auf den ersten Blick erkennt.

Mit diesem dekorativen Fliegenschutz sieht das arabische Vollblut noch schöner aus.

Komische Mahlzeiten!

Die Heimat des Arabers war einst der Mittlere Osten. Heute wird es in vielen Ländern gezüchtet. Doch weißt du, womit die Beduinen in der Wüste früher ihre Pferde fütterten? Mit getrockneten Datteln, Kamelmilch und sogar mit Fleisch und Heuschrecken!

• DAS ENGLISCHE VOLLBLUT

Diese Pferde sind ideale Rennpferde. Drei arabische Hengste, die mit englischen Stuten gekreuzt wurden, sind die Stammväter dieser edlen Rasse.

• MODERNES WARMBLUTPFERD

Warmblutpferde werden auf vielfältigste Weise als Nutzpferde, Freizeitpferde und auch im Hochleistungssport eingesetzt. Hannoveraner, Trakehner oder das französische Selle français sind typische Warmblutrassen.

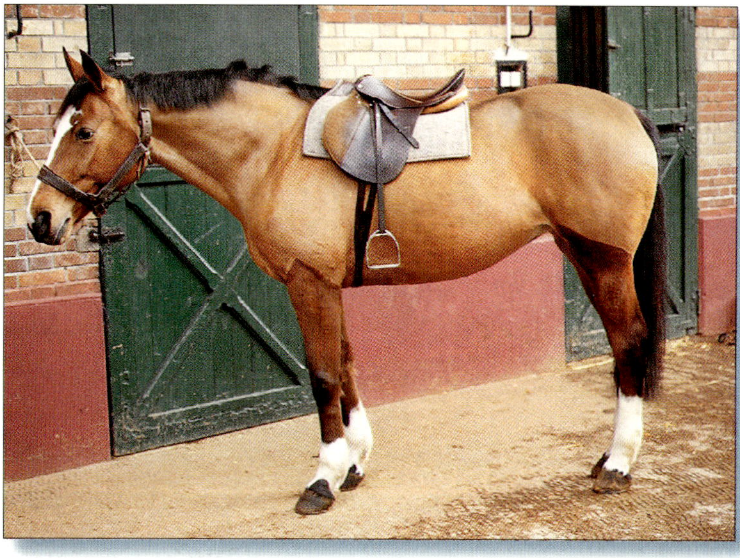

• ANDALUSIER

Dies ist ein spanisches Pferd. Es ist so schön und so intelligent, dass es zu allen Zeiten sehr begehrt war. Heutzutage wird es besonders gern von Stuntmen geritten. Bei genauerem Hinsehen wirst du es in vielen Filmen wieder erkennen.

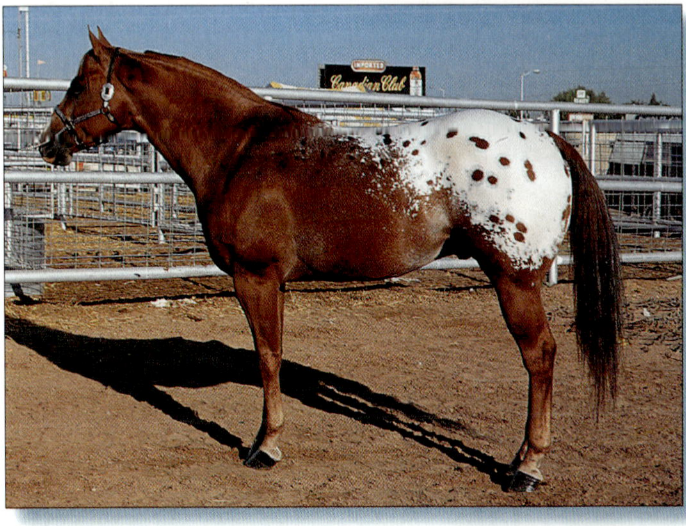

• APPALOOSA

Dieses amerikanische Pferd ist hübsch gefleckt. Und kein Appaloosa gleicht dem anderen. Vor langer, langer Zeit haben die Nez-Percé-Indianer diese Rasse gezüchtet. Auf der Jagd oder im Krieg ritten sie nur Appaloosas, damit sie schon von weitem einen Freund am Aussehen seines Reittieres erkennen konnten.

• QUARTER HORSE

Das amerikanische Quarter Horse ist sehr muskulös. Es ist auf kurzen Strecken schneller als ein Vollblutrennpferd und sehr wendig. Die Cowboys reiten es gerne, denn es scheint erraten zu können, was die Rinder im Sinn haben.

Ponys

Ein Pony ist nichts anderes als ein kleines Pferd. Auch wenn es klein ist, bleibt es doch immer noch ein richtiges Pferd! Vergiss das nie!

Vergleiche das Shire-Horse, eines der größten Pferde der Welt, mit dem Shetland-Pony. Sie unterscheiden sich vor allem durch ihre Größe.

Die Größe

Ob ein Pferd „Pony" genannt wird, richtet sich nach der Widerristhöhe. „Pferd" werden all jene Tiere genannt, deren Widerrist über einer Höhe von 1,47 Metern liegt, und „Pony" diejenigen, bei denen er keine 1,47 Meter erreicht.

Ponys oder Pferde

Das Camargue-Pferd misst nicht ganz 1,47 Meter. Und der Araber oft auch nicht. Warum nennt man sie trotzdem „Pferde" und nicht „Ponys"? Daraus soll einer schlau werden!

Das Pottok-Pony, ein Gebirgspony, das halbwild in den Pyrenäen lebt

Klein und anspruchslos

Viele Ponys sind besonders widerstandsfähig. Sie können bei jeder Witterung draußen leben. Sie fürchten weder Hitze noch Kälte und begnügen sich auch mit karger Nahrung.

Schau mal, was für ein dickes Fell dieses Shetland-Pony in der Kälte bekommen hat. Es wärmt ihn wie ein Mantel.

Ideal für Kinder

Ponys sind genau die richtigen Reitpferde für dich! Und das für viele Jahre! Denn auch wenn du schon älter bist, findet sich noch ein passendes für dich. Du kannst mit der Zeit zu immer größeren Ponys überwechseln und am Ende reitest du dann auf einem Pferd!

Ein Überblick über die Rassen

Ein Schäferhund sieht anders aus als ein Pudel.
Und wie bei den Hunden ist es auch bei den Ponys.
Sie gehören unterschiedlichen Rassen an.

- **LANDAIS-PONY**

Dieses Pony wäre beinahe ausgestorben … Aber seine Rasse gibt es noch heute. Und es hat zahlreiche gute Eigenschaften.

Ein Leben in freier Wildbahn

In der südfranzösischen Region „Les Landes" leben schon jahrhundertelang Ponys. Woher kamen sie? Niemand weiß es genau. Man vermutet, dass sie entfernt mit den baskischen Pottok-Ponys verwandt sind. Jahr für Jahr haben die Bewohner der Region sie zusammengetrieben. Die besten haben sie eingefangen, um sie als Reit- oder Packpferde zu benutzen.

Fast ausgerottet

Während des Zweiten Weltkrieges haben Soldaten die letzten wild lebenden Landais-Ponys mit dem Maschinengewehr getötet, um sie zu essen.
Zum Glück gab es noch genügend Landais auf den Bauernhöfen, sodass diese Rasse nicht ausgestorben ist.

• MÉRENS-PONY

Diese sehr alte Rasse stammt aus dem Grenzgebiet zwischen Frankreich und Spanien. Wegen ihrer Stärke und Ruhe und ihrer schwarzen Farbe waren sie gerade auch bei Schmugglern sehr beliebt!

Ein Pony für jeden Zweck

Wenn du dir das Mérens genau anschaust, wirst du feststellen, dass es ein massiges Tier ist. Ist es also ein Zugpferd oder ein Reitpferd? Mit der Antwort „Zugpferd" liegst du ganz richtig. Aber mit der Antwort „Reitpferd" auch! Denn das Mérens kann sowohl das eine als auch das andere sein.

Das richtige Wort

Das Mérens-Pony hat eine weitere Eigenart: Es ist ein Rappe, sein Fell ist durch und durch schwarz. Das Wort „Rappe" kennst du vielleicht noch nicht. Es gehört zu den Fachbegriffen, die du unbedingt kennen solltest, wenn du von Pferden sprichst. In diesem Buch wirst du viele davon kennen lernen.

• HAFLINGER

Dieses österreichische Pony sieht aus wie ein Wesen aus Silber und Gold! Sein Fell ist goldbraun und seine Mähne glänzt silbern. Es ist ein hervorragender Bergsteiger.

Sprechende Ponys

Die Haflinger stammen aus den Tiroler Bergen und leben dort frei. Bis zum Alter von vier Jahren bleiben sie unter sich, fernab der Menschen. An den bewaldeten Hängen können sie sich nicht immer sehen. Daher rufen sie einander, um sich wieder zu finden. Sie wiehern viel öfter als andere Ponys und Pferde.

Haflinger sind Reit- und Zugpferde.

König der Berge

Der Haflinger ist wie alle Gebirgspferde sehr trittsicher. Er galoppiert mühelos steile Hänge hinauf und hinunter. Da er an die Höhe gewöhnt ist, gerät er nicht so leicht aus der Puste. Ob beritten, im Geschirr oder bepackt, er ist unermüdlich! Deshalb hat die indische Armee viele Haflinger gekauft und setzt sie in über 5 000 m Höhe ein.

Das Pferdchen und die Blume

Das Edelweiß ist eine berühmte, sehr seltene Gebirgsblume und das Wahrzeichen Österreichs. Auch die Züchter der Haflinger haben das Edelweiß als Zeichen für ihre Pferde gewählt. Österreich und sein stolzes Pferd vereint in einer kleinen Blume!

• FJORDPFERD

Sein Ursprungsland ist Norwegen. Es ist der Nachkomme der Wikingerpferde und wurde einst für Hengstkämpfe herangezüchtet.

Unverwechselbar

Das Fjordpferd ist sonderbar gefärbt. Sein Fell ist gelb oder cremefarben und seine Mähne schwarz-weiß meliert und stoppelig wie ein Bürstenschnitt. Außerdem hat es einen so genannten „Aalstrich“ auf dem Rücken, eine Linie aus schwarzen Haaren, die von der Mähne bis zum Schweif verläuft. Seine Beine sind oft dunkel gestreift.

Ein Pferd der Kälte

Auch der härteste Winter kann dem Fjordpferd nichts anhaben. Es ist fähig, die dickste Schneedecke aufzukratzen und darunter Weidegras zu finden. Hitze dagegen mag es gar nicht; in einem heißen Sommer muss es viel trinken. Doch sei es draußen warm oder kalt – das Fjordpferd ist immer gleich lieb!

• FELL-PONY UND DALES-PONY

Diese beiden sind miteinander verwandt und stammen aus England. Es sind zwei sehr robuste Kleinpferde.

Fell-Pony

Dales-Pony

Dunkles Fell

Fell- und Dales-Ponys haben zwar manchmal ein graues oder braunes Fell, sind aber meistens Rappen. Schecken (Rappen mit weißen Flecken) wollen die Züchter nicht. Beim Dales-Pony lassen sie höchstens noch einen kleinen weißen Stern auf der Stirn gelten.

Vom Bergwerk zum Reitausflug

Diese englischen Ponys, die kräftig, stark und ausdauernd sind, haben eine harte Vergangenheit. Lange Zeit wurden sie zum Transport von Bleierz benutzt. Oft trugen sie Lasten von über 100 kg und mussten sehr weite Strecken zurücklegen. Heute setzen sie ihre Kraft dafür ein, Ausflüglern Freude zu bereiten.

• HIGHLAND-PONY

Dieses Pony stammt aus Schottland und überragt mit seiner Größe alle anderen britischen Ponys. Es ist intelligent, einfühlsam und sehr gefügig. Und es vergisst niemals, wenn es einmal schlecht behandelt wurde …

Jagdpferd

Seit jeher ist das Highland-Pony in den schottischen Bergen die Hilfskraft des Jägers. Wenn sein Reiter einen Schuss abfeuert, zuckt es nicht einmal mit den Ohren. Und es kann einen Hirsch über holprigstes Gelände tragen.

Ein Kraftprotz

Diese Ponys sind sehr stark. Eines von ihnen arbeitete im Zirkus. Es konnte im Galopp sieben Voltigierer tragen, etwa 380 Kilogramm!

• CONNEMARA-PONY

Es trägt den Namen seiner Provinz und ist der ganze Stolz der Iren. Intelligent und ganz besonders gutmütig, ist es ein hervorragendes Pferd für junge Reiter.

Richtig füttern

Sicher bekommst du beim Anblick eines schönen Pferdes Lust, ihm das allerbeste Futter zu geben. Damit tust du ihm aber keinen Gefallen. Wie viele andere Ponys, so verliert auch das Connemara seine Leistungsfähigkeit, wenn man es zu üppig füttert. Du musst auf seine Bedürfnisse achten und darfst seiner Fresslust nicht nachgeben!

Spanische Vorfahren

Ponys gab es in Irland seit Urzeiten. Vor 400 Jahren gingen vor der Küste der Insel die spanischen Schiffe der „unüberwindlichen Armada" unter. Manche von ihnen hatten Pferde an Bord, denen es gelang, sich schwimmend an Land zu retten. Dort haben sie sich dann mit den irischen Ponys vermischt und wurden die Vorfahren der Connemaras.

• ISLANDPFERD

Vor über tausend Jahren haben die Norweger Pferde auf die Insel Island gebracht.

Besondere Gangart

Noch heute werden Islandpferde als Reit-, Zug- oder Lasttiere genutzt. Neben den Gangarten Schritt, Trab und Galopp ist ihm eine vierte, der Tölt, angeboren. Im Tölt reitest du besonders bequem!

Überlebenskünstler

In seiner Heimat, wo die Winter sehr hart sind, lebt das Islandpferd in Freiheit. Auch wenn es schneit oder stürmt, findet es Nahrung. Deshalb ist es nur selten abgemagert, wenn der Frühling wiederkehrt.

• EXMOOR-PONY

Es lebt wild in der englischen Heide, von der es seinen Namen hat.

Auf das Fell kommt es an

Das Exmoor-Pony ist entweder ein Brauner, ein Dunkelfuchs oder ein Mausgrauer. Aber Achtung! Es darf keinen einzigen weißen Flecken haben! Zwar sind bei allen Ponys dieser Rasse die Nüstern, der Bauch und das Innere der Oberschenkel cremefarben. Doch weiße Haare erlauben die Menschen ihm nicht!

Glanzleistung

Vor 100 Jahren besaß ein Engländer ein erstaunliches Exmoor-Pony. Der Mann wog 90 kg – eine große Last für ein Pony. Trotzdem legte er oft die Strecke zwischen den Städten Bristol und South Moulton im Sattel seines Ponys zurück. Es legte die 140 km schneller zurück als die beste Kutsche!

- **DARTMOOR–PONY**

Auch dies ist ein englisches Pony, das immer in wilden Herden lebt.

Tolle Springpferde

Jahrhunderte hindurch fingen die Menschen Jahr für Jahr wilde Dartmoor-Ponys. Das war gar nicht so leicht! Einmal jagte ein Reiter einen sehr schönen Hengst, den er fangen wollte. Er schaffte es, ihn zwischen einigen Felsen in die Enge zu treiben. Doch das Tier machte kehrt, sprang über den Reiter und sein Pferd hinweg und galoppierte davon. Dartmoor-Ponys sind ausgesprochene Sprungtalente!

• WELSH-PONY

Die Welsh-Ponys stammen aus Wales in Großbritannien. Sie sehen sehr unterschiedlich aus. Aber alle sind gutmütig und zutraulich.

Vier Arten einer Rasse

Ursprünglich gab es nur eine Welsh-Pony-Art. Es war das heutige Welsh-Pony Sektion A, das höchstens 1,22 m groß ist. Durch das Kreuzen von Welsh-Pony-Stuten mit arabischen Hengsten bekam man größere Tiere. Die der Sektionen B und C erreichen eine Größe von 1,37 m. Die Ponys der Sektion D dagegen können bis zu 1,52 m groß werden. Jede Art hat ihre besonderen Fähigkeiten als Reit- oder Zugpferd.

Das robuste Welsh Cob ist ein beliebtes Zugpferd.

Das Welsh-Pony der Gruppe B ist ein gutes Reitpony.

• NEW–FOREST–PONY

Auch die New-Forest-Ponys stammen aus England. Ihre Größe ist sehr unterschiedlich; sie schwankt zwischen 1,22 m und 1,47 m.

Furchtloses Pony

Das New-Forest-Pony gehorcht deinen Anweisungen immer bereitwillig und es ist ein unerschrockenes Pony. Es fürchtet sich auch nicht vor Autos. Deshalb kannst du mit ihm fast gefahrlos sogar im Straßenverkehr reiten. Aber Vorsicht – nur **fast** gefahrlos! Denn selbst wenn man sich auf einem Pferd sicher fühlt, darf man ihm niemals völlig vertrauen.

• SHETLAND-PONY

Da es nur rund einen Meter groß ist, ist es ideal für die kleinsten Reiter. Es ist intelligent und pfiffig.

Tief unten im Bergwerk

Das Shetland-Pony ist so stark, dass man es früher als Arbeitstier in Kohlebergwerken benutzte. Dort zog es die Loren, ohne an die Stollendecke zu stoßen. Doch oft erblindete es im Dunkeln.

Das Stärkste von allen

Das Shetland-Pony ist berühmt für seine Kraft. Im Verhältnis zu großen Pferden kann es schwerere Lasten tragen oder ziehen als diese. So hat einmal ein kleines Shetland-Pony einen 85 kg schweren Mann 65 km weit getragen! Das war eine tolle Leistung!

• FALABELLA–PONY

Mit einer Größe von höchstens 70 cm ist es das kleinste Pferd, das es gibt.

Aus Argentinien

Die Falabellas wurden von einem Argentinier gezüchtet, der dieser Rasse auch den Namen gab. Er kreuzte einen sehr kleinen Vollblüter mit winzigen Shetland-Stuten. Dieser Herr Falabella soll außerdem eine Rasse von Riesenpferden geschaffen haben und sogar blaue Pferde! Glaubst du das?

Wie ein großer Hund

Das Falabella-Pony ist zu schwach, um einen Reiter zu tragen, selbst wenn es nur ein Kind ist. Aber es kann Fahrzeuge ziehen. Deshalb ist es vor allem als Spielgefährte beliebt.

Die Vorfahren der Pferde

Der älteste bekannte Vorfahre des Pferdes graste vor 50 Millionen Jahren in Amerika! Der Eohippus, das „Pferd der Morgenröte", hatte noch keine Hufe, sondern vier Zehen vorne und drei hinten. Und er war nicht größer als ein Hase!

Das Przewalski-Pferd

Es ist das letzte echte Wildpferd! Niemand hat es jemals zähmen, geschweige denn dressieren können. Es hat die Größe eines Ponys. Sein Fell ist sandfarben mit einem „Aalstrich" auf dem Rücken: eine schwarze Linie, die von der Mähne bis zum Schweif führt. Przewalski-Pferde haben eine Stehmähne.

Vom Zoo in die Freiheit

Dieses bis dahin unbekannte Pferd wurde erst 1879 von dem Polen Nikolai Przewalski entdeckt. Es lebte in den Wüsten der Mongolei. Da es sich so sehr von den gewöhnlichen Pferden unterschied, wollten viele Zoos eines besitzen. Das war sein Glück! Denn keine 100 Jahre nach seiner Entdeckung waren die wild lebenden Przewalski-Pferde ausgestorben. 1995 hat man nun begonnen Przewalski-Pferde aus den europäischen Tierparks in der Mongolei auszuwildern.

Der Tarpan

Dieses europäische Wildpferd wurde schon vor rund 100 Jahren ausgerottet. Allerdings gibt es heute in Polen wieder rückgezüchtete, wild lebende Herden. Das Fell des Tarpans ist meist sandfarben oder mausgrau; er hat einen Aalstrich und gestreifte Vorder- und Hinterbeine. Der Tarpan ist eleganter als das Przewalski-Pferd.

Lange Entwicklung

Im Laufe von Jahrmillionen musste das Urpferd mit den Veränderungen des Klimas und der Pflanzenwelt zurechtkommen. Und um zu überleben, musste es sich weiterentwickeln. Deshalb unterschieden sich seine Nachfahren immer mehr von ihm. Heute gibt es noch drei Arten von Nachfahren: das Przewalski-Pferd, den Tarpan und das Pferd, wie du es kennst.

Verwandtschaft

Die Pferde gehören zu den Huftieren. Hier lernst du einige ihrer Verwandten kennen.

Esel

Er sieht dem Pferd sehr ähnlich, hat aber lange Ohren und einen Schwanz mit kurzem Fell. Früher mussten schlechte Schüler zur Strafe eine „Eselskappe" aus Papier tragen. Auch heute sagt man noch, dass jemand „dumm wie ein Esel" ist. Dabei ist der Esel sehr intelligent! Vielleicht fällt es den Menschen deshalb manchmal schwer, ihn zu verstehen …

Der Wildesel ist anspruchslos und benötigt nur wenig Nahrung.

Wildesel und Halbesel

Beide leben in der Wildnis, der Wildesel in Afrika und der Halbesel in Asien. Lange bevor sich die Menschen das Pferd zu Nutze machten, wurden bereits Esel als Arbeitstiere gehalten.

Maultier und Maulesel

Beide sind Kreuzungen aus Esel und Pferd. Sie können sich in der Regel nicht fortpflanzen. Das Maultier hat eine Stute zur Mutter und einen Esel zum Vater. Der Maulesel hat eine Eselin zur Mutter und ein Pferd zum Vater.

Als Packtiere bestens geeignet

Diese Tiere sind kräftig und sehr genügsam. Weil sie außerdem sehr trittsicher sind, werden sie auf steilen Gebirgspfaden gerne als Packtiere eingesetzt.

Noch ein Verwandter: das Zebra

Zebras gibt es nur in Afrika. Drei verschiedene wilde Rassen leben dort in großen Herden zusammen.

Seltsame Gespanne

Die meisten Leute glauben, Zebras ließen sich nicht dressieren. Doch vor 100 Jahren konnte man in Südafrika Zebras beobachten, die Wagen zogen. Die eher schwachen Zebras waren mit robusten Maultieren zusammengespannt worden: ganz schön seltsame Fuhrwerke! Zur gleichen Zeit galt es in England als besonderer Luxus, ein Gespann aus vier Zebras zu haben. Aber nur für eine Parade!

Der auf dem Zebra reitet

Nur selten ist es Menschen gelungen, auf einem Zebra zu reiten. Doch es gibt Ausnahmen! Der Franzose Jean-Christophe konnte das Vertrauen des Zebraweibchens Douma gewinnen. Acht Monate lang versuchte er täglich das Tier zu satteln, dann endlich gelang es ihm! Da er selbst zu schwer war, bat er seinen Freund auf Douma zu reiten.

Tarnkleidung

Du fragst dich vielleicht, warum das Fell des Zebras schwarz-weiß gestreift ist. Fachleute behaupten, dass dadurch Löwen und Geparden verwirrt werden sollten. Denn wenn eine ganze Zebraherde vorbeigaloppiert, sieht man nur noch ein Wirrwarr aus sich bewegenden Streifen. So haben die Raubtiere Mühe, das einzelne Zebra zu erkennen, und können es nicht so leicht fangen.

Ein kleines Fohlen wächst heran

Die Stute trägt ihr Junges elf Monate lang, dann bringt sie es zur Welt. Das Fohlen verhält sich bald wie ein erwachsenes Tier.

Das Abfohlen

Alle Fohlen kommen im Frühjahr zur Welt, da dies die mildeste Jahreszeit ist. Die Stute kann in dieser Zeit Gräser mit nahrhaften Samen fressen, wodurch ihre Milch sich mit Nährstoffen anreichert. Und sobald das Fohlen zu grasen beginnt (zuerst ahmt es dabei nur die Mutter nach), findet es ebenfalls reichhaltige Nahrung vor.

Eine Geburt im Verborgenen

Ob das Fohlen in einer Pferdebox oder auf der Weide geboren wird, immer wählt die Stute dafür selbst die günstigste Zeit aus.
Sie bringt ihr Junges oft frühmorgens zur Welt, weil dies die ungefährlichste Tageszeit ist: In der freien Natur kehren die Raubtiere jetzt müde von der Jagd zurück …

Schwierige Trennung

Wenn das Fohlen sechs Monate alt ist, wird es von seiner Mutter getrennt. Sobald sich die beiden nicht mehr sehen, wiehern sie laut und manchmal auch lange. Sie wollen sich nicht trennen! Doch bald haben beide die schwierige Trennung vergessen. Das Fohlen wird selbstständig.

Rasches Wachstum

Pferde wachsen sehr viel schneller als Menschen. Sie sind mit fünf oder sechs Jahren ausgewachsen. In der Regel sorgt man dafür, dass sie bis zu diesem Alter nicht zu lange arbeiten oder geritten werden. Mit Ausnahme der Rennpferde: Deren Ausbildung beginnt im Alter von zwei oder drei Jahren.

Freund und Helfer

Früher halfen Pferde den Menschen bei der Arbeit. Pferde zogen Kutschen, Pflüge, Fuhrwerke und sogar die Frachtkrähne auf den Kanälen …

Pferde zum Vergnügen

Obwohl es heute Autos, Züge und Traktoren gibt, werden immer noch Pferde gezüchtet. Warum wohl? Erstens, weil sie schön sind! Und zweitens, weil sie wundervolle Spielgefährten sein können!

Zwei, die sich unterscheiden

Wenn du ein Tier so richtig gern haben willst, musst du es kennen lernen. Menschen, die ein Pferd haben, lieben es oft genauso wie ihren Hund. Doch diese beiden Tiere sind sehr verschieden.

Das Pferd ist viel größer und kräftiger als der Hund. Du kannst es dir wohl kaum zu Hause im Körbchen vorstellen!

Das Pferd ist ein Grasfresser, während der Hund ein Fleischfresser ist.

Der Hund schläft viel, das Pferd fast nie, es döst nur vor sich hin.

Wenn man einen Hund angreift, kann er sich mit seinen scharfen Zähnen wehren. Das Pferd dagegen hat nur ein Mittel, der Gefahr zu entkommen: die Flucht.

2 – ERSTES TREFFEN MIT DEN PONYS

Ponys im Stall,
auf der Weide
und auf dem Reitplatz:
Lerne deine neuen Freunde
kennen. Ihr werdet zusammen
viel Spaß haben!

Der richtige Ponyhof

Auf dem Ponyhof kannst du Ponys kennen lernen, du lernst sie zu pflegen und auf ihnen zu reiten. Es gibt viele Pony- oder Reiterhöfe. Wie also den richtigen auswählen?

Die richtige Adresse

Du kannst alleine versuchen herauszufinden, wo in deiner Nähe ein Ponyhof ist. Frag einfach deine Freunde und Freundinnen. Einige von ihnen sind vielleicht schon Mitglied in einem Reitverein. Du bist ja nicht das einzige Kind, das Ponys liebt!

Ein erster Besuch

Falls deine Eltern einverstanden sind, könnt ihr gemeinsam den Ponyhof besuchen, dessen Adresse du herausgesucht hast. Einfach nur, um mal zu schauen, ob es dir dort gefällt. Magst du die Ponys und die Leute? Dann frag deine Eltern, ob sie dich nicht anmelden können.

Mit der Schulklasse

Du könntest auch gemeinsam mit deinen Schulkameraden euren Lehrer oder eure Lehrerin bitten euch einmal zu einem Ponyhof mitzunehmen, damit alle diese wunderbare Welt kennen lernen!

Klassenfahrt

In manchen Jahren fährst du mit der ganzen Klasse ins Schullandheim. Warum nicht mal auf einen Ponyhof? Doch ihr müsst rechtzeitig mit der Organisation beginnen. Denn eine Klassenfahrt kostet Geld und muss gut vorbereitet werden.

Auf dem Reiterhof

Nicht alle Ponyhöfe sehen gleich aus. Aber fast alle haben die gleichen Einrichtungen.

Der **Stall** ist der Ort, an dem Ponys und Pferde untergebracht sind. Dein Pony wohnt dort in einer eigenen Box oder einem Stand. Die **Sattelkammer**, wo Sattel- und Zaumzeug aufbewahrt werden, liegt meistens genau daneben. Ganz in der Nähe befindet sich auch immer der **Futterspeicher**, in dem Getreide, Heu und Stroh für die Pferde lagern.

Auch für euch Reiter sind Räume da: vielleicht gibt es einen **Umkleideraum**, wo du dich umziehen und duschen kannst, und einen großen Aufenthaltsraum, in dem du dich mit deinen Freunden unterhalten, lesen und deine Pferdekenntnisse vertiefen kannst.

Der **Reitplatz** ist ein rechteckiges Feld mit einem Sandboden. Er ist größer als ein Basketballfeld.

Hinaus in die Freiheit

Wenn ein Reitstall nicht mitten in der Stadt liegt, bietet er meist die Möglichkeit, hinaus in die Natur zu reiten. Gemeinsame Ausritte machen unheimlich viel Spaß!

Die **Reithalle** ist ein überdachter Reitplatz. Dort hält man sich bei Regen auf. Und da diese Halle beleuchtet ist, kann man auch an Winterabenden, nach Einbruch der Dunkelheit, dort reiten.

Spielen und lernen

Auf dem Ponyhof triffst du Pferde, Reiter und auch den Reitlehrer, der darauf achtet, dass du nichts falsch machst.

Das richtige Pony für jeden

Der Reitlehrer kennt die Pferde sehr gut. Er weiß, was jedes einzelne braucht und was es kann. Darum ist er es auch, der entscheidet, wer auf welchem Pony reiten wird. Du kannst ihn natürlich fragen, ob du mit deinem Lieblingspferd ein Team bilden darfst.

Die Spiele

Manchmal schlägt der Reitlehrer euch verschiedene Spiele vor. Du und die anderen Reiter, ihr dürft nun das auswählen, was ihr am liebsten mögt. Der Reitlehrer ist dann der Schiedsrichter. Er sorgt dafür, dass ihr alle euren Spaß habt!

So wird's richtig!

Doch schließlich wollt ihr nicht nur spielen, sondern auch die Pferde besser kennen lernen und verstehen. Hier ein Beispiel: Ein Pony tut nicht das, was du möchtest. Meistens liegt das daran, dass du es nicht richtig darum gebeten hast; es kann also nicht verstehen, was du von ihm erwartest. Der Reitlehrer erklärt dir, wie du es richtig machen musst.

Fragen stellen!

Der Reitlehrer freut sich immer, wenn er dir wieder etwas Neues über Pferde beibringen kann. Stell ihm deshalb ruhig Fragen, wenn du irgendetwas nicht verstehst!

Im Stall

Der Stall ist die Wohnung der Ponys. Dort riecht es wunderbar nach Pferden! Außerdem ist dieser Ort voller Geräusche: Man hört die Kiefer, die das Stroh kauen, schnaubende Nüstern, Hufe, die auf den Boden stampfen.

Jedem Pony sein Zimmer!

Im Allgemeinen hat jedes Pony ein eigenes Zimmer, das ist die Box. Die Tür einer Box besteht aus zwei Hälften. Öffnet man die obere, so verschafft man dem Pony Luft und Licht und es hat die Möglichkeit, hinauszuschauen. Die untere öffnet man nur, um das Tier herauszuführen.

Angebunden

Manchmal werden Ponys auch in so genannten Ständen gehalten, in denen sie angebunden sind und nur eine kleine Fläche für sich haben.

Ein bisschen Salz

Ponyfutter wird nicht gesalzen wie die menschliche Nahrung. Aber auch Pferde brauchen Salz. Darum muss immer ein Salzleckstein für sie bereithängen, an dem sie jederzeit lecken können.

Jedes Ding an seinem Platz

Das Getreide oder die Möhren kommen in einen Futtertrog, der so etwas wie der „Teller" des Ponys ist.

Das Heu wird meistens direkt auf den Boden gelegt, oder es kommt in ein Heunetz, in manchen Ställen auch in eine Futterraufe.

Trinken nach Lust und Laune

Ein Pony muss trinken können, so viel es mag. Deshalb stellt man ihm stets einen Eimer Wasser in die Box oder man installiert eine automatische Tränke. Immer, wenn das durstige Pony mit der Nasenspitze dagegen stößt, beginnt das Wasser zu fließen. Und umkippen kann es die Tränke auch nicht.

Reihenfolge einhalten!

Beim Füttern der Ponys musst du aufpassen, in welcher Reihenfolge du es tust. Sonst bekommen die Ponys Durchfall! Erst gibst du ihnen Wasser, dann das Heu und erst zum Schluss das Getreide.

Bekanntschaft schließen

Immer, wenn du zum Ponyhof gehst, freust du dich darauf, mit den Ponys zusammenzusein. Aber um richtig Spaß mit ihnen zu haben, muss man sie erst einmal kennen lernen.

Sich kennen, um sich zu verstehen

Du spielst sicher am liebsten mit guten Freunden. Richtig befreundet sein kann man nur, wenn man sich versteht. Dafür musst du wissen, wie die Ponys sich „ausdrücken“, und du musst auch wissen, wie du ihnen verständlich machen kannst, was du von ihnen willst. Wenn du sie genau beobachtest, ist das leicht!

Hilf mit!

Du kannst die Ponys besser kennen lernen, wenn du mithilfst sie zu füttern und zu pflegen. Jedes Pony reagiert anders, wenn man ihm Stroh für die Einstreu oder Heu für den Futtertrog bringt. Da gibt es das fröhliche und das griesgrämige Pony, das gefräßige und das wählerische. Und all die vielen anderen, die es zu entdecken gibt!

Ponys und Spiele

Ponys sind zum Reiten da. Vielleicht meinst du ja, reiten sei schwer. Oh nein! Der beste Beweis dafür sind die Mongolen: Sie setzen ihre Kinder aufs Pferd, sobald die Kleinen stehen können! Auch du wirst schnell Fortschritte machen und bald bei vielen Spielen mitmachen.

Manche Spiele kennst du schon, weil du sie auf deinen eigenen zwei Beinen auf dem Schulhof spielst. Aber jetzt läuft meistens das Pony für dich!

Pony, wer bist du?

Wenn man sich richtig um Ponys kümmern will, muss man wissen, wie sie die Welt wahrnehmen. Denn sie sehen, hören und fühlen anders als du.

Alles im Blick

Beim Pferd sitzen die Augen nicht vorne am Kopf wie beim Menschen, sondern an der Seite. Sein Blickfeld ist deshalb sehr groß. Eigentlich kann das Pferd fast alles um sich herum sehen. Trotzdem solltest du nie direkt von hinten an ein Pferd herangehen – es könnte sich erschrecken und ausschlagen.

Eine Haut zum Streicheln

Was passiert, wenn eine Fliege sich auf dem Fell eines Pferdes niederlässt? Seine Haut zittert, um sie zu vertreiben. Die Haut und das Fell sind sehr empfindlich. Deshalb mögen Pferde es gern, wenn man sie streichelt!

Ohren, die sich in alle Richtungen drehen

Wenn du etwas genau hören willst, drehst du den Kopf in die Richtung, aus der das Geräusch kommt. Das Pferd braucht nur seine Ohren zu drehen! Es kann viel besser hören als du.

Eine feine Nase

Das Pferd hat einen sehr feinen Geruchssinn. Geh einmal mit Möhrenstückchen in der Hosentasche zu ihm hin. Es wird dich ausgiebig beschnuppern!

Der Tastsinn in den Hufen

Beobachte beim Ausreiten, wie dein Pferd sich auf den verschiedenenen Geländearten fortbewegt. Dann wirst du verstehen, dass die Pferde mit ihren Hufen alle Bodenfallen wie z. B. sumpfige Stellen ertasten können.

Sie sprechen mit ihrem Körper

Zur Verständigung verwenden Pferde nur selten ihre Stimme. Sie wiehern nicht oft. Stattdessen unterhalten sie sich mit Hilfe von Bewegungen und Körperhaltungen.

Ein Pferd, das davongaloppieren will, macht sich groß, indem es den Kopf hoch aufrichtet. So zeigt es, dass es zur Tat bereit ist, oder auch, dass es stolz ist.

Wenn es müde, traurig oder krank ist, lässt es den Kopf hängen.

Hält es den Hals waagerecht und legt die Ohren nach hinten, so zeigt es, dass es angriffsbereit ist. Das kommt nur sehr selten vor. Doch wenn du ein Pferd in dieser Haltung siehst, nimm dich in Acht! Denn es hat ein sehr kräftiges Gebiss.

Die Sprache der Ohren

An der Art, wie das Pferd die Ohren stellt oder bewegt, kann man beinahe sehen, was es denkt.

Wenn es sie nach hinten legt, ist es auf Abwehr eingestellt oder hat Angst.

Wenn es sie ununterbrochen bewegt, ist es unruhig. Es schaut sich dann oft nach allen Seiten um.

Legt es sie nach vorne? Dann ist es aufmerksam, weil es etwas Ungewöhnliches oder Interessantes bemerkt hat.

Wenn das Pferd die Ohren hängen lässt, ist es traurig oder krank. Dann muss man versuchen herauszufinden, worunter es leidet.

Wie ihr Freunde werdet

Ponys sind von Natur aus freundlich. Und wenn du auch lieb zu ihnen bist, werdet ihr euch bestens verstehen.

Höflich näher kommen

Du hättest sicher etwas dagegen, wenn jemand, ohne anzuklopfen, in dein Zimmer käme. Denn niemand wird gerne überrascht. Und wenn du jemanden besuchst, sagst du Guten Tag. Damit zeigst du dem, der dich empfängt, dass er dir etwas bedeutet. Mit den Pferden ist es genauso!

Besuch in der Box

Natürlich klopft man nicht an die Tür einer Box! Aber du musst so hereinkommen, dass das Pony sich nicht erschreckt. Kündige deinen Besuch an, indem du pfeifst oder irgendwelche Geräusche machst. Aber nicht zu laut, um es nicht zu stören! Und sprich mit ihm, damit es weiß, dass du als Freund kommst. Mit Pferden kann man nie genug sprechen; sie mögen das sehr gern!

Ein Pony richtig streicheln

Das beste Mittel, einem Pony zu zeigen, dass du es gern hast, ist das Streicheln. Aber du solltest es nicht irgendwie und irgendwo streicheln! Ein Pferd verabscheut kräftige Schläge. Und es möchte normalerweise nicht an den Ohren oder am Bauch angefasst werden. Wenn du ihm eine Freude machen willst, streichele es am Hals, besonders unten, am Halsansatz, nahe bei den Schultern. Außerdem mögen Pferde es in der Regel, wenn man ihnen mit der flachen Hand in kreisenden Bewegungen die Stirn massiert. Bist du nett, ist es auch nett zu dir!

Ein Pony oder ein Pferd auf der Weide besuchen

Ein Pferd aus dem Stall zu holen ist einfach. Aber wenn es auf der Weide ist, muss man es erst einmal einfangen!

Keine Hörner und keine scharfen Zähne …

Wenn du auf der Weide von hinten an ein Pferd herantrittst, läuft es davon. Warum? Es sieht dich zwar, aber es ist überrascht! Als Wildpferde wurden sie von Wölfen oder Panthern gejagt. Doch zu ihrer Verteidigung haben sie weder Fangzähne noch Hörner. Sie können nur davongaloppieren. Deshalb fürchten sie jeden, der sie verfolgt und versucht sich ihnen zu nähern.

Ruhe und Möhren

Damit das Pony nicht davonläuft, musst du dich ihm von der Seite, auf der Höhe seiner Schultern, nähern. So sieht es dich gut. Beim Näherkommen solltest du die ganze Zeit in sanftem, freundlichem Ton zu ihm sprechen. Das wirkt beruhigend. Und wenn du dazu noch einen Eimer mit Möhrenscheibchen bei dir hast, wird es dich ganz sicher herankommen lassen. Denn alle Pferde sind Leckermäuler!

Richtig füttern

Biete einem Pony immer nur auf der flach ausgestreckten Hand etwas zu fressen an, damit es dich nicht in die Finger zwickt.

Halfter anlegen

Das Halfter und der Führstrick sind für das Pony, was Halsband und Leine für einen Hund sind.

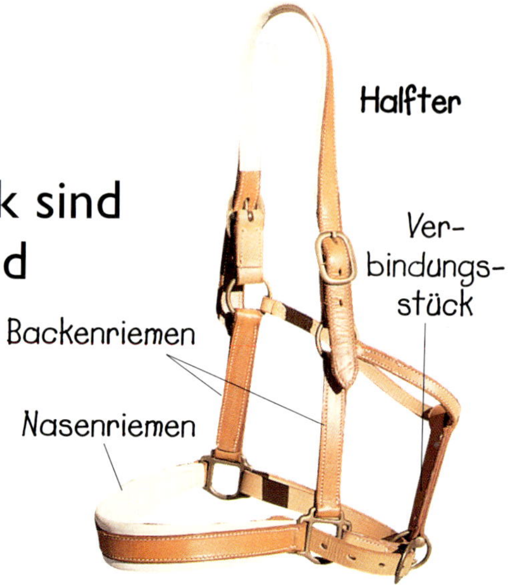

Wenn du dem Pony das Halfter überziehst, musst du gut aufpassen, dass du ihm dabei nicht die Ohren einquetschst!

Zum Halftern musst du dich rechts neben das Pony stellen. Denn hier wird das Halfter geschlossen.

Wenn du ein Pony am Halfter führst, führst du es „an der Hand". Darauf musst du dabei achten: Erstens, den Führstrick nicht zu lang lassen, zweitens, ihn nicht um deine Hand wickeln. Denn sollte das Pony anfangen zu ziehen, würde der Strick gegen deine Haut scheuern und dir die Finger oder das Handgelenk verbrennen.

An der richtigen Stelle

Auf dem Hof des Reitstalls gibt es Anbindebalken oder Ringe, die zum Anbinden vorgesehen sind. Wenn du das Pony einmal woanders anbinden musst, suche dir eine geeignete Stelle aus. Denn wenn du den Anbindestrick an einem zu niedrigen Ast befestigst oder zu lang lässt, kann sich das Pony mit den Beinen darin verfangen.

Einen Sicherheitsknoten

Wenn man ein Pferd anbindet, macht man immer einen „Sicherheitsknoten". Wozu dieser besondere Knoten? Weil man ihn rasch lösen und das Pferd freilassen kann. Außerdem ist der Knoten leicht zu machen.

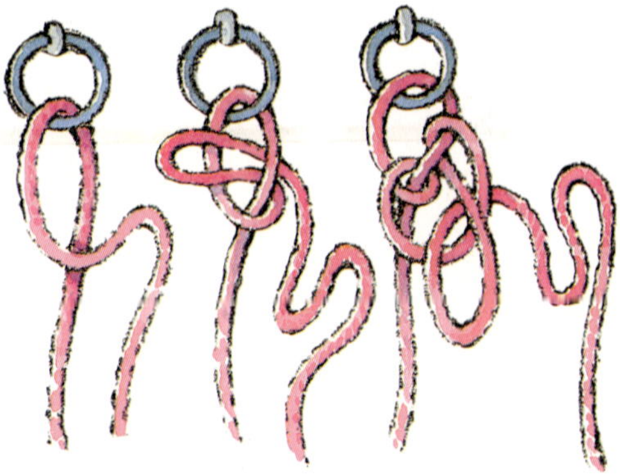

Du legst eine Schlaufe … führst eine zweite Schlaufe hindurch und machst eine Art kleine Kette, damit der Strick nicht bis zum Boden hängt.

Wenn das Pferd in Panik an der Leine zerrt und versucht sich loszumachen, ziehst du kräftig am Ende der Schlaufenkette, um das Tier zu befreien, bevor es sich weh tut.

Das Pony putzen

Ein Pferd zu putzen bedeutet, sich um seine Körperpflege zu kümmern. Es soll sauber werden und schöner aussehen – aber es soll sich auch wohl fühlen! Ein Pferd schätzt es sehr, wenn es richtig geputzt wird.

Die wichtigsten Utensilien, die du dafür benötigst, sind der Striegel aus Gummi oder aus Plastik, die Kardätsche, eine grobe Bürste und der Hufkratzer.

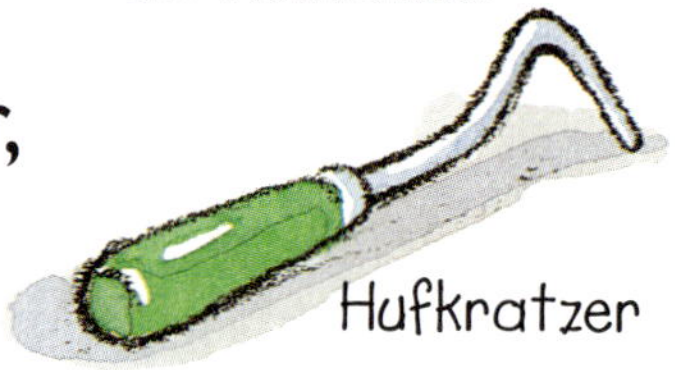

Das Striegeln

Mit dem Striegel bürstest du das Fell des Ponys, um Staub und Schmutz daraus zu entfernen. Aber Vorsicht, nicht am ganzen Körper! Du hättest es auch nicht gern, wenn man dir mit einem harten Kamm über den Kopf fahren würde, denn das würde dir weh tun. Das Pferd ist wie du: Es mag es nur, wenn man seine muskulösen Körperteile bürstet. Wenn du mit dem Striegel dort über seine Beine fährst, wo die Knochen zu spüren sind, tust du ihm weh.

Körperpflege zum Kennenlernen

Beim Striegeln eines Pferdes kann man auch überprüfen, ob alles in Ordnung ist, ob es auch keine Wunden und keine Hautkrankheit hat. Das ist noch wichtiger als die Schönheitspflege.

Das Fell verschönern

Nachdem du es gestriegelt hast, bürstest du das Pony mit der Kardätsche. Diesmal am ganzen Körper, aber immer nur mit dem Fellstrich, also in die Richtung, in die das Fellhaar wächst.

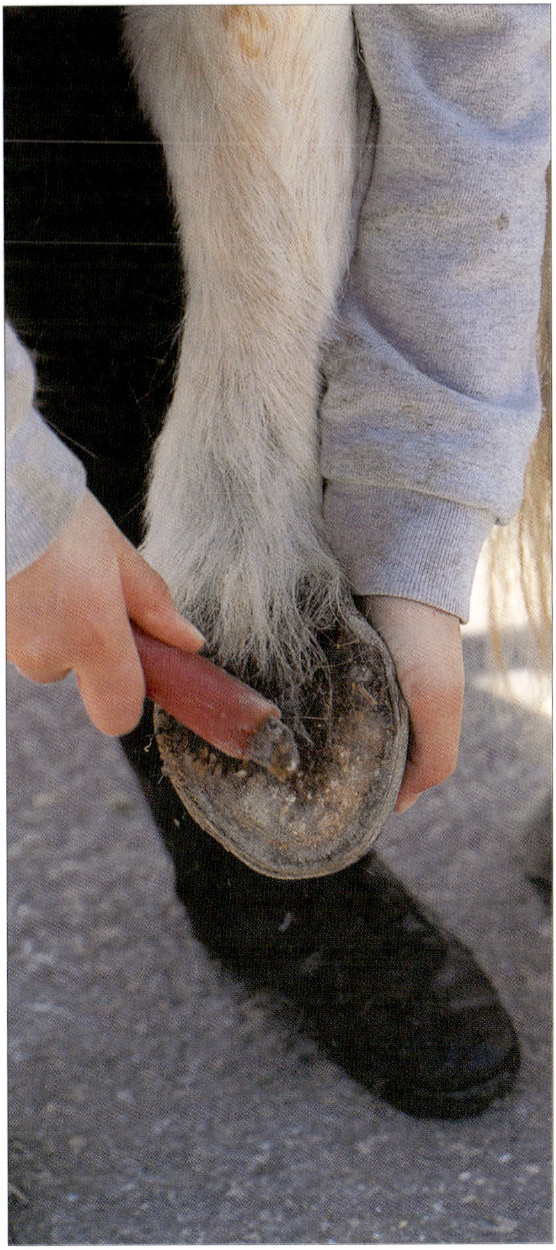

Die „Schuhe" des Ponys säubern

Die Hufe eines Ponys kannst du nur reinigen, wenn es angebunden ist. Egal, welchen seiner Hufe du hochnimmst, du musst dich stets so hinstellen, dass du dem Kopf des Ponys den Rücken zuwendest. Du beginnst immer mit den Vorderbeinen. Dem Pony gibst du Zeichen, indem du deine Hand von oben herab über das Bein bis hinunter zum Huf gleiten lässt. Dann hebst du den Huf an und säuberst ihn auf der Unterseite mit dem Hufkratzer.

3 – AUF EINEM PONY REITEN

Auf einem Pony reiten heißt auf vier Beinen zu laufen, zu rennen und zu springen. Eines Tages bist du vielleicht bei Turnieren dabei und gewinnst eine Meisterschaft!

Die Sattelkammer

Beim Betreten der Sattelkammer steigt dir der Geruch von Leder und Fett in die Nase. Sattel und Zaumzeug der Pferde sind aus Leder.

Jedem Pony seine „Kleidung"

Natürlich befinden sich in der Sattelkammer vor allem Sättel. Jeder hängt an einem eigenen Sattelhalter an der Wand. Und über jedem steht der Name des Pferdes, zu dem er gehört. Wenn du die Kleidung deiner kleinen Schwester oder deines Vaters tragen müsstest, wärst du nicht begeistert, oder? Die Ponys sind wie du! Jedes hat seine eigene „Kleidergröße".

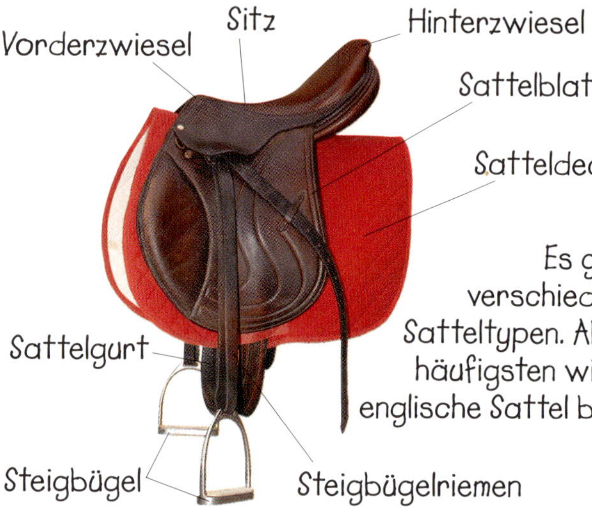

Es gibt die verschiedensten Satteltypen. Aber am häufigsten wird der englische Sattel benutzt.

Eine eigene Trense

Jedes Pony hat auch seine eigene Trense. Sie ist speziell für seine Größe eingestellt und trägt das richtige Gebiss für sein Maul. Die Trensen dienen dazu, das Pony beim Reiten zu lenken. Sie werden zusammen mit dem Sattel aufgehoben. Manchmal hängen sie aber auch an einer anderen Wand. Sie tragen den Namen des Tieres, zu dem sie gehören.

Geheimnisse der Sattelkammer

Bei genauerem Hinsehen wirst du in der Sattelkammer noch vieles andere entdecken. Solltest du die Namen und die Verwendung der Gegenstände, die dich umgeben, nicht kennen, kannst du deinen Reitlehrer oder deine Reitlehrerin fragen.

Auswählen und wieder einräumen

Wenn du etwas holst, um das Pony reitfertig zu machen, musst du den Namen des Tieres kennen, das der Lehrer dir zugewiesen hat. Sonst weißt du nicht, welches Zaumzeug du nehmen sollst. Und wenn du dich irrst, könnte das Pony sich verletzen, weil das Zaumzeug ihm nicht passt. Genauso musst du auch beim Zurückbringen des Zaumzeuges gut aufpassen, dass du es wieder richtig wegräumst.

Das Aufzäumen

Mit einem Halfter könntest du nicht richtig reiten, denn es dient nur zum Führen. Darum musst du das Anlegen des Zaumzeugs lernen.

Die Trense anlegen

Löse das Halfter …
… lege es um den Hals und hake es wieder ein. Lege auch die Zügel um den Hals.

Zeige dem Pony das Trensengebiss, indem du es auf der flachen Hand vor sein Maul legst.

Das Pony nicht loslassen!

Die Trense über das Halfter zu ziehen ist schwierig. Nimm erst das Halfter ab und lege dann die Trense an. Aber pass auf, dass das Pony dabei nicht wegläuft!

Öffnet das Pony sein Maul nicht, obwohl du ihm das Gebiss hinhältst, so führe deinen Zeigefinger zwischen seine Laden (die zahnlosen Teile seines Kiefers).

Wenn das Tier das Gebiss im Maul hat, streiche ihm die Mähne wieder zurecht, schnalle den Kehlriemen zu, ohne zu fest zu ziehen, und, falls einer vorhanden ist, auch den Nasenriemen.

Das Pony zu Fuß führen

Nachdem du deinem Pony das Halfter abgenommen hast, kannst du es führen, indem du die Zügel unterhalb seines Kinns hältst. Doch zieh nicht daran, sonst verursacht das Gebiss ihm Schmerzen.

Aufgesessen!

Vergiss nie deinen Helm aufzusetzen, bevor du dein Reitpferd besteigst!

Behutsam aufsitzen

Stelle dich links neben das Pony. Lege die Zügel über seinen Hals. Nimm nun die Zügel in die linke Hand und fasse mit derselben Hand ein Büschel Mähnenhaar. Springe hoch auf den Rücken des Ponys.

Schwinge dein rechtes Bein über die Kruppe des Pferdes, aber ohne es dabei zu treten!

Setze dich behutsam hin.

Kleine Tricks

Vielleicht bist du nicht gelenkig genug, um dich auf ein Pferd zu schwingen. Dann kannst du einen Hocker (Eimer) benutzen oder du lässt dir helfen.

Absitzen

Schwinge das rechte Bein über die Kruppe …

… und lass dich zu Boden gleiten. Achte immer darauf, dass das Pony dabei keine Fußtritte abbekommt.

Du kannst auf einem englischen Sattel reiten …

… oder auf einem amerikanischen.

Und der Sattel?

Zu Anfang reiten Kinder manchmal ohne Sattel. Das macht Spaß. Wenn du dann später einen Sattel benutzt, wirst du lernen, wie man ihn richtig auflegt und darauf sitzt.

amerikanischer Sattel (oder Westernsattel)

Jetzt geht's los!

Allein schon auf einem Pferd zu sitzen ist eine Wonne, denn du spürst die Wärme des Tieres. Und sein Geruch ist jetzt noch stärker und angenehmer, als wenn du zu Fuß neben ihm hergehst. Bald werden noch viele andere Empfindungen hinzukommen. Hier sind ein paar Tipps, wie du das Reiten noch mehr genießen kannst.

Stehen bleiben!

Wenn das Pony anfängt sich zu bewegen, hast du vielleicht Angst, das Gleichgewicht zu verlieren. Aber so leicht passiert das nicht! Am Anfang benützt du vielleicht einen Halsriemen. Wenn du ihn umfasst, bleibt das Pferd stehen. Klammere dich nicht an die Zügel. Denn dabei zerrst du am Maul des Ponys!

Entspannte Haltung

Das Pony hat sich in Bewegung gesetzt. Jetzt musst du aufpassen, dass du dich nicht versteifst. Bleib schön locker und entspannt.

In die Mähne greifen

Wenn du schon reiten kannst, legst du deinem Pony keinen Halsriemen mehr um. Doch es kann immer mal ein kleines Problem auftreten. Dann zögere nicht dich an der Pferdemähne festzuklammern. Das tut dem Pony nicht weh.

Der Bewegung folgen

Du musst den Bewegungen des Ponys folgen, mit ihm gehen. Dafür „teilst" du deinen Körper in zwei Hälften. Von den Füßen bis zur Taille liegt dein Körper eng am Körper des Pferdes an. Bewege ihn nicht und verändere nichts. Die Hüften aber bleiben locker und den Oberkörper hältst du schön aufrecht. Wenn du das schaffst, bist du ein richtiger Reiter!

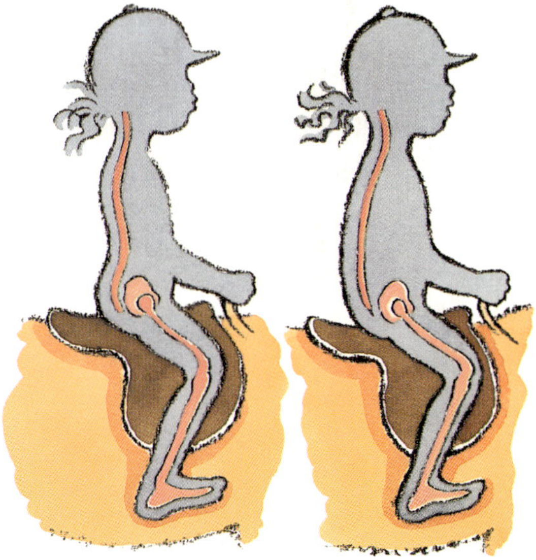

Schau dir an, wie der Reiter seinen Rücken bewegen muss.

Wie du dein Pony lenkst

Ein Pony ist kein Auto! Trotzdem hast du beim Reiten so etwas wie ein Gaspedal, eine Bremse und ein Steuerrad …

Das Gaspedal

Wenn du willst, dass das Pony schneller läuft, brauchst du deine Position nicht zu verändern, sondern nur die Unterschenkel zusammenzudrücken und die Zügel etwas locker zu lassen. Läuft es jetzt noch nicht schneller, kannst du ganz leicht mit den Fersen in seine Flanken stoßen.

Das Steuerrad

Das ist dein ganzer Körper!
Du willst nach rechts reiten:

- drehe deinen Kopf nach rechts;
- zupfe ganz sanft am rechten Zügel;
- drücke mit deiner rechten Ferse kräftig gegen die Flanke des Pferdes.

Um nach links abzubiegen, mache genau das Gleiche, aber zur anderen Seite.

Die Bremse

Dein Pony läuft zu schnell? Du möchtest, dass es etwas langsamer wird? Dann lege dich leicht zurück und spanne die Zügel, ohne daran zu ziehen. Du möchtest stehen bleiben? Dann mache dich ganz schwer und spanne die Zügel etwas stärker. Aber nicht zu fest, damit es dem Pony nicht im Maul weh tut.

Wenn das Tempo schneller wird

Das Pony geht nicht immer im Schritt. Wenn du es aufforderst, schneller zu werden, wechselt es zum Trab oder zum Galopp über. Du selbst musst nun auch schneller werden. Du musst das Becken schneller bewegen, um den Bewegungen des Ponys folgen zu können.

Gymnastik hoch zu Ross

Dies sind Körperübungen zu Pferde, die nützlich sind und Spaß machen. Dabei lernst du dein Gleichgewicht auf dem Pferd zu verbessern und ein sicherer Reiter zu werden.

Armkreisen auf der einen, dann auf der anderen Seite. Vorsicht, dass du dabei nicht am Maul des Ponys zerrst!

Drehen des Oberkörpers mit waagerecht ausgestreckten Armen. Zum Teil ist dies die Bewegung, die du machst, wenn das Pony wenden soll.

Du darfst ruhig das Ohr anfassen. Aber kitzele es nicht zu sehr!

Mit einer Hand den unteren Teil der Ponyschulter streicheln, dann dasselbe auf der anderen Seite tun. Das Fell eines Pferdes fühlt sich warm und weich an!

Mit einer Hand den gegenüber liegenden Oberschenkel streicheln, danach auch den anderen. Jetzt liegst du fast auf dem Pferd … wie ein Kosak oder ein Stuntman!

Eine hervorragende Übung: Bein und Arm einer Seite gleichzeitig hochheben. Beobachte dabei, wie stabil dein Gleichgewicht ist.

Bravo! Aber verwechsle das Pony nicht mit deinem Bett.

Über Cavaletti springen

Cavaletti sind kleine Hindernisse. Wenn du zum ersten Mal über sie springst, vergiss nicht deinem Pony vorher einen Halsriemen umzulegen. Sonst besteht auch hier die Gefahr, dass du an seinem Maul zerrst!

Zuerst trabst du über Stangen, die auf dem Boden liegen. Dein Pony sieht sie und überwindet sie von allein. Es trabt jetzt etwas anders als sonst.

Als Nächstes springst du über Stangen, die auf einer Seite etwas erhöht liegen. Das sind ganz kleine Hindernisse! Lass dein Pony traben, während du dich am Halsriemen festhältst. Und lenke es sanft, ohne es zu stören. Bei jedem Sprung spürst du, dass du ganz leicht hochgeworfen wirst. Aber sehr bald wirst du dich daran gewöhnen, die Bewegungen deines Reitpferdes zu begleiten. Und dann wirst du das Springen ganz leicht finden!

Sobald das Springen über diese kleinen Hindernisse gut gelingt, wird der Reitlehrer dich bitten über ein höheres zu springen, bei dem die Stange auf beiden Seiten angehoben wurde. Diesmal hast du schon das Gefühl, das Pferd hebt etwas ab. Das ist ein ganz tolles Gefühl! Nach und nach wirst du lernen über immer höhere Hindernisse zu springen. Und eines Tages wirst du vielleicht ein Springturnier gewinnen!

Reitplatz und Reithalle

Diese beiden Orte sind Spielplatz und Klassenzimmer in einem. Denn dort hast du jede Menge Spaß, erhältst aber zugleich vom Reitlehrer Unterricht.

Bei jedem Wetter

Bei schönem Wetter geht man auf den Reitplatz, der nicht überdacht ist. Doch wenn es regnet, schneit oder ein kalter Wind bläst, hält man sich lieber im Schutz der Reithalle auf.

Orientierungspunkte

Reitplatz und Reithalle sind ringsum mit Buchstaben versehen. Es handelt sich dabei um Orientierungspunkte, die dem Schüler zeigen, in welche Richtung er reiten soll.

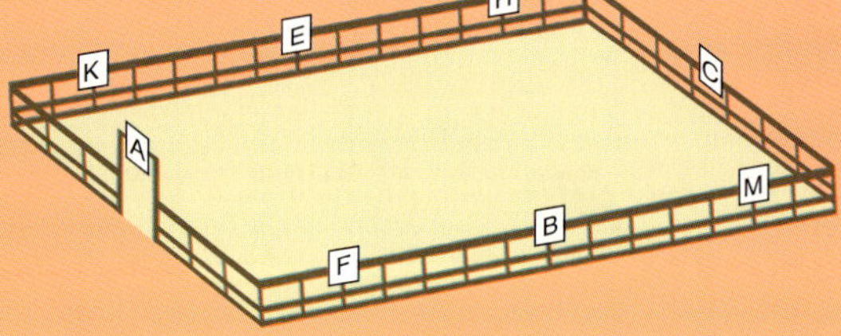

Gut ausgestattete „Klassenräume"

Der Reitplatz hat einen Sandboden. In der Reithalle ist der Boden gewöhnlich mit Sägemehl bedeckt. Beide Böden sind also sehr locker. So werden die Glieder der Reitpferde geschont und du selbst fällst bei einem Sturz etwas weicher.

In der Reithalle heißt der untere Teil der Mauer „Bande". Sie ist etwas abgeschrägt, damit die Reiter sich an der Mauer nicht die Beine einquetschen.

Abteilungsreiten

So heißt der Gruppenunterricht für Reitschüler. Eine solche Reitstunde kann sehr viel Spaß machen! Während des Abteilungsreitens musst du aufpassen, dass dein Pony nicht zu dicht an seinen Vordermann heranreitet. Sonst könnte es ihm in die Hinterbeine laufen oder es zum Ausschlagen veranlassen! Du musst deshalb darauf achten, dass dein Pony nicht zurückbleibt, es aber auch daran hindern, die anderen Ponys zu überholen.

Abzeichen und Spiele

Wenn du gelernt hast sicher zu reiten, kannst du Reitprüfungen ablegen und an den Wettbewerben teilnehmen, die dein Ponyklub veranstaltet.

Ponyspiele

Das sind Spiele, bei denen ihr beide, dein Pony und du, zeigen könnt, wie schnell und wie geschickt ihr seid. Von diesen Spielen gibt es eine ganze Menge.

Durch eine Furt reiten

Du reitest bis ans Ende des Spielfeldes. Dort machst du kehrt. An einer bestimmten Stelle musst du absitzen, um über die „Steine einer Furt" (umgedrehte Eimer) zu laufen, während du dein Pferd an der Hand führst! Am Ende der Furt steigst du wieder aufs Pferd und beeilst dich durchs Ziel zu kommen.

Je nach Reitanlage kannst du auch eine richtige Furt durchqueren!

Polo

Auf einem Spielfeld mit zwei Toren wird ein kleiner Ball hin- und hergeschossen. Aber da man auf dem Pferd seine eigenen Beine nicht benutzen kann, schießt man den Ball mit einem Poloschläger oder „Hammer".

Horseball

Horseball ist eine Art Basketball zu Pferde. Es wird mit einem Ball gespielt, an dem Griffbügel sitzen, sodass man ihn leicht mit einer Hand aufheben kann, ohne absitzen zu müssen. Die Körbe, die sich an beiden Enden des Spielfeldes befinden, sind größer als beim Basketball. Jede Mannschaft besteht aus vier Spielern.

Slalom

Fünf Pfosten werden in den Boden gerammt. Du musst im Zickzack an ihnen vorbeireiten und auf die gleiche Weise wieder zum Ausgangspunkt zurückkehren. Die Stoppuhr entscheidet, wer Sieger ist.

Reitabzeichen

Das „Kleine Hufeisen“ ist ein Abzeichen der Deutschen Reiterlichen Vereinigung für Kinder unter 16 Jahren. Du musst einige Reitübungen vorführen, die Pflege deines Pferdes beherrschen und Fragen zu den Ponys und zum Reiten beantworten können.
In Frankreich heißen die Reitabzeichen „galops“.

Ein Turnier gewinnen

Je besser du reiten kannst, umso größere Chancen hast du, einmal ein Reitturnier zu gewinnen. Hier stellen wir dir die wichtigsten Reitdisziplinen vor. Suche dir eine aus!

Das Springreiten

Beim Springreiten müssen Hindernisse überwunden werden, die auf dem Reitplatz aufgestellt sind. Der schnellste Reiter gewinnt. Doch jedes Mal, wenn ein Teilnehmer an einem Hindernis eine Stange herunterwirft, bekommt er Strafpunkte.

Die Dressur

Auf dem Reitplatz oder in der Reithalle bringt der Reiter sein Pferd dazu, sich leicht, gewandt und anmutig zu bewegen. Er lässt es bestimmte Figuren ausführen, manchmal mit musikalischer Begleitung. Er gibt ihm Befehle, von denen man aber gar nichts merkt! Vielmehr sieht es so aus, als würden die beiden tanzen!

Der Distanzritt

Dabei handelt es sich um ein Rennen über eine große Entfernung (bis zu 200 km). Die Strecke muss mit einem einzigen Pferd zurückgelegt werden, das in guter Verfassung durchs Ziel kommen muss. Ob das schwierig ist? Oh ja! Aber du könntest vielleicht trotzdem mitmachen, wenn dich ein erfahrener Reiter mitnimmt.

Reiterpass

Wenn du gerne im Gelände reitest, dann kannst du überlegen, ob du die Prüfungen für dieses Abzeichen ablegen willst. Im praktischen Teil gibt es verschiedene Aufgaben im Gelände. Außerdem musst du Fragen beantworten, zum Beispiel über das Reiten im Straßenverkehr.

Vielseitigkeitsprüfung

Sie umfasst drei Prüfungen: Dressur, Springreiten und Geländereiten (hierbei müssen die Teilnehmer über feste Hindernisse in der freien Natur springen). Um an einer Vielseitigkeitsprüfung teilnehmen zu können, musst du also perfekt im Umgang mit einem Pferd sein!

Der Ausritt

An schönen Tagen wird ausgeritten. Es macht Spaß, durch Wald und Wiesen oder durch die Heide zu reiten. Vor allem brauchst du deine Füße nicht anzustrengen – dein Pony läuft ja für dich!

Im Gänsemarsch

Auf Wald- und Feldwegen reitet man hintereinander. Dabei musst du aufpassen, dass dein Pony seinem Vordermann nicht zu dicht folgt. Vertraue ihm. Gib ihm die Richtung an, in die du willst, und achte darauf, dass es im gewünschten Tempo läuft. Und lasse es selbst mit den Unebenheiten des Geländes zurechtkommen.

Hindernisse

Im Wald musst du dein Pony sorgsam lenken. Denn es weiß zwar, wie groß und breit es selbst ist, achtet aber nicht auf dich. So kann es passieren, dass du dir ein Knie an einem Stamm aufschürfst. Kleinere Äste kannst du hochheben, unter den größeren musst du hindurchreiten, indem du dich auf den Hals des Ponys legst.

Über Stock und Stein

In der Reithalle ist der Boden ganz eben. Aber in einer hügeligen Landschaft geht es bergauf und bergab. Hier müsst ihr beide, dein Pony und du, etwas anders reiten als sonst.

Aufwärts hältst du dich an der Mähne fest, um nicht zurückzurutschen. Beuge dich gleichzeitig ein wenig nach vorn.

Abwärts musst du die Knie leicht zusammenpressen und dich dabei etwas zurücklehnen. Drücke die Beine aber nicht gegen das Pony, sonst fängt es an, schneller zu laufen. Du kannst dich auch auf den Widerrist stützen.

Das Picknick

Essen und trinken an einem schattigen Plätzchen – das macht mit Pferden besonders viel Spaß!

Zuerst: die Sorge fürs Pony

Nach dem Absitzen sagt dir der Reitlehrer, wo du dein Pony anbinden kannst. Achte dabei darauf, dass du den Strick nicht zu weit unten befestigst und nicht zu lang lässt. Sonst könnte das Pony sich mit den Beinen darin verfangen und sich verletzen. Achte darauf, dass es sich gut mit den Nachbarponys versteht. Wenn dies nicht der Fall ist, sage dem Reitlehrer Bescheid.

Nur die Pferdeäpfel ...

Reiter sind der Natur näher als die meisten Menschen. Deshalb respektieren sie sie auch. Und die Umwelt zu respektieren, bedeutet vor allem sie nicht zu verschmutzen. Du darfst deine Abfälle und Essensverpackungen also nie in der freien Natur entsorgen. Denn man sagt, dass „ein echter Reitersmann nur Pferdeäpfel hinterlässt“. Und Pferdeäpfel sind etwas Natürliches!

Zum Nachtisch eine Überraschung!

Der Wald hält köstliche Dinge zum Nachtisch bereit, je nach Jahreszeit zum Beispiel Brombeeren, Haselnüsse oder Walderdbeeren. Ein Reiterpicknick ist eine tolle Gelegenheit, um diese zu sammeln. Von deiner Ernte kannst du deinem Pony natürlich auch eine Hand voll anbieten. Da läuft ihm sicher das Wasser im Maul zusammen!

Und wieder aufs Pferd!

Manchmal macht ihr, bevor es wieder heimwärts geht, mit den Ponys noch ein Spiel. Und die Rückkehr zum Ponyklub ist auch noch einmal ein toller Spazierritt!

Die Ponypflege nach dem Reiten

Wenn das Abteilungsreiten, der Ausritt oder die Spiele vorüber sind, kommt die Körperpflege: nämlich die deines Ponys! Bürste es ab, prüfe seine Hufe und achte darauf, ob es ihm gut geht. Das hat es verdient!

Eine kleine Untersuchung

Zuerst sitzt du ab. Dann führst du dein Pony zu seiner Unterkunft und beobachtest dabei, ob es nicht humpelt. Nun prüfst du sorgfältig, ob du etwas Ungewöhnliches an ihm bemerkst, zum Beispiel, ob es zu stark verschwitzt ist oder sich verletzt hat.

Die Freiheit zurückgeben

Zunächst bindest du das Pony an. Dann nimmst du ihm die Trense ab und legst das Halfter richtig an. Jetzt kannst du es in seine Box führen.

Alles in Ordnung?

Noch bist du nicht fertig! Du siehst nach, ob es dem Pony auch an nichts fehlt. Hat es zu trinken? Ist sein Salzleckstein auch nicht kaputt oder auf den Boden gefallen? Ist die Streu in Ordnung? Dann ist alles klar!

Ordentlich aufräumen

Jetzt ist das Zaumzeug wegzuräumen. Vorher musst du das Gebiss unter Wasser halten, damit es sauber ist, wenn das Pony es beim nächsten Mal ins Maul nimmt. Danach bringst du die Trense in die Sattelkammer und hängst sie an ihren Platz. Du weißt ja, dass es sonst passieren könnte, dass jemand sie einem anderen Pony anlegt.

Bis bald!

Vergiss nicht deinen Reitlehrer auf alles hinzuweisen, was dem Pony das Leben schwer machen könnte. Und bevor du gehst, streichle es ein wenig und gib ihm eine kleine Belohnung!

Jetzt wird gefeiert!

Ein Fest auf dem Ponyhof ist für die Reiter und ihre Gäste ein tolles Erlebnis!

Spiel und Spaß

Bei einem solchen Fest sollen alle ihren Spaß haben. Aber es ist auch eine gute Gelegenheit, um euren Eltern zu zeigen, was ihr zu Pferde schon alles könnt. Vielleicht wird es eine Tombola geben und verschiedene Spiele. Am beliebtesten sind aber die Darbietungen der jungen Reiter. Und du wirst auch dabei sein!

Was soll vorgeführt werden?

Manchmal bestimmt der Reitlehrer, was für eine Vorstellung ihr geben werdet. Denn er weiß, was dem Publikum gefällt. Oft fragt er aber auch die Mitwirkenden nach ihrer Meinung. Jetzt kannst du deine Wünsche äußern!
Ihr könntet zum Beispiel einen Abteilungsritt vorführen. Oder ihr spielt einen Kampf zwischen Cowboys und Indianern.
Sicher hast du noch jede Menge anderer Ideen.

Die Vorbereitung

Mit der Vorbereitung seid ihr lange beschäftigt. Erst muss festgelegt werden, was jeder machen wird. Dann ist es wichtig, dass die Mitwirkenden ihre Rolle lernen. Und alle sollen schön aussehen. Auch die Ponys!

Das Pony verkleiden

Du kannst dein Pony in ein Indianerpferd verwandeln. Ein Blitz auf seinem Hals bedeutet, dass es schnell ist. Kreise um die Augen, dass es einen sehr scharfen Blick hat. Und eine in seine Mähne oder seinen Schweif gesteckte Feder ist das Zeichen dafür, dass es eine besondere Leistung vollbracht hat. Du kannst noch hundert andere Möglichkeiten finden, ein Pony zu verwandeln!

Wenn es auf dem Hof ein schwarzes Pony gibt, kannst du es in ein Zebra verwandeln! Du brauchst ihm nur weiße Streifen auf den Körper zu malen.

Sich selbst verkleiden

Sich als Schornsteinfeger zu verkleiden, das ist einfach. Sich in einen Musketier oder einen Ritter zu verwandeln ist dagegen schon etwas schwieriger.

Ein eigenes Pony haben

Wenn man Pferde liebt, hätte man am liebsten ein eigenes. Die vom Ponyhof mögen noch so süß sein, aber sie gehören eben allen …

Die Unterbringung

Ein Pony kann man nicht auf dem Balkon unterbringen! Es braucht einen Stall oder eine Weide. Etwas, was nicht jeder hat …

Ins Sparschwein schauen

Ein Pony ist teurer als ein Fernseher oder ein Computer. Wenn man selbst eines hat, muss man auch Futter kaufen. Mindestens einmal im Jahr muss außerdem der Tierarzt bezahlt werden, der das Pferd impft. Und wenn es krank ist, noch öfter …

Eine Frage der Zeit

Ein Pferd zu versorgen bedeutet, es täglich auszuführen, zu putzen, zu füttern und seinen Stall zu reinigen. Hättest du neben deinen Hausaufgaben Zeit für all das? Und wer wird sich in den Ferien, wenn du wegfährst, die Zeit nehmen, sich um dein Pony zu kümmern?

Die Verantwortung

Wenn man ein Pferd bei sich zu Hause hat, will man ja auch, dass es ihm gut geht. Doch dafür muss man genau wissen, was es braucht. Du kannst natürlich lernen, wie man ein Pferd füttert und pflegt. Aber es dauert viele Jahre, bis man alles richtig macht …

Gut überlegen

Deine Eltern sind vielleicht bereit dir ein Pony zu schenken. Vielleicht bieten sie dir auch an bei der Pflege zu helfen. Doch wenn dies nicht der Fall ist, solltest du einsehen, dass es sicher besser ist, noch ein paar Jahre zu warten.

4 – PFERDE BESSER KENNEN LERNEN

Wer etwas über Pferde lernt,
der lernt auch etwas
über das Leben.

Viele Fragen stellen

Die Lehre oder Wissenschaft von den Pferden hat einen Namen: Pferdekunde oder Hippologie. Wer Pferde liebt, kann nie genug über sie wissen.

Bücher lesen

Es gibt sehr viele Bücher über Pferde und Reiten. Manche sind sehr einfach zu lesen und du kannst vieles Nützliche darin entdecken!

Jedem sein Fachgebiet

Niemand weiß alles über Pferde.
Es ist ein zu großes Gebiet. Ein Hufschmied hat nicht die Kenntnisse eines Tierarztes und ein Jockey nicht die eines Pferdepflegers. Ein Islandpferde-Trainer weiß andere Dinge als ein Trainer für Rennpferde. Und du selbst weißt bis jetzt noch weniger als jeder von ihnen. Aber du kannst vieles lernen!

Fragen stellen

Du verstehst nicht, warum der **Pferdepfleger** den Pferden unterschiedliche Arten von Futter gibt? Frag ihn! Er wird dir antworten, dass jedes Nahrungsmittel besondere Eigenschaften hat und dass das Pferd genau wie du nicht gerne jeden Tag das Gleiche frisst.

Du fragst dich, warum der **Hufschmied** das Hufhorn ein wenig mit einem glühenden Eisen anbrennt? Stell ihm die Frage! Er wird dir erklären, dass er das tut, damit dem Pferd der „Schuh" richtig passt. Keine Sorge, das Pferd fühlt keinen Schmerz, wenn man ihm ein Hufeisen anlegt.

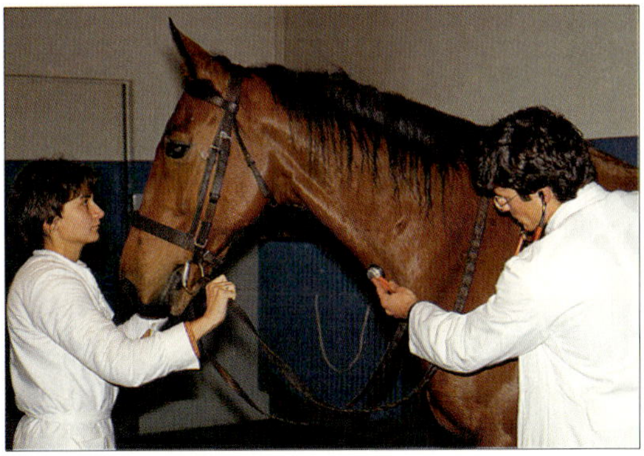

Wenn du irgendetwas nicht verstehst, kannst du auch den **Tierarzt** fragen und alle anderen, die mit Pferden zu tun haben.

Und wem du endlos Fragen stellen kannst, das sind natürlich dein **Reitlehrer** oder deine **Reitlehrerin.**

Der Pferdewortschatz

Wenn von Pferden die Rede ist, hörst du oftmals Worte, die du nicht verstehst. Du denkst vielleicht, man muss schwierige Wörter beherrschen, um über Pferde sprechen zu können. Ganz und gar nicht! Hier sind ein paar einfache und nützliche Wörter. Nach und nach wirst du noch viele andere lernen.

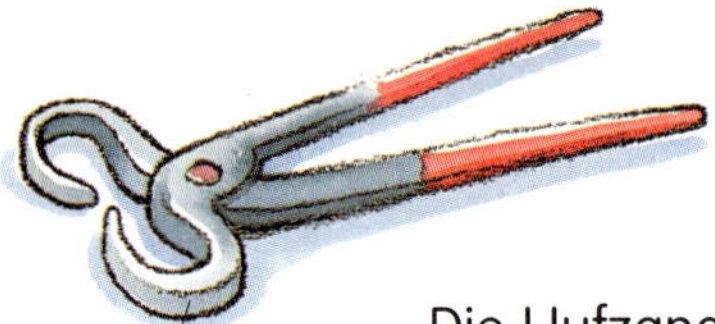

Die Hufzange ist die an den Enden spitz zulaufende Zange des Hufschmieds.

Respekt vor dem Pferd

Für einige Körperteile des Pferdes verwendet man etwas andere Namen als bei anderen Tieren. Zwei Beispiele: Seinen Schwanz nennt man „Schweif" und man sagt nicht „Nasenlöcher", sondern „Nüstern". Warum? Weil der Mensch das Pferd immer respektiert hat. Tue auch du es, indem du die richtigen Begriffe verwendest.

Was ist einfacher: von der „Hufkrone" zu sprechen oder von der „Grenze zwischen dem Horn des Pferdehufs und der Beinhaut"?

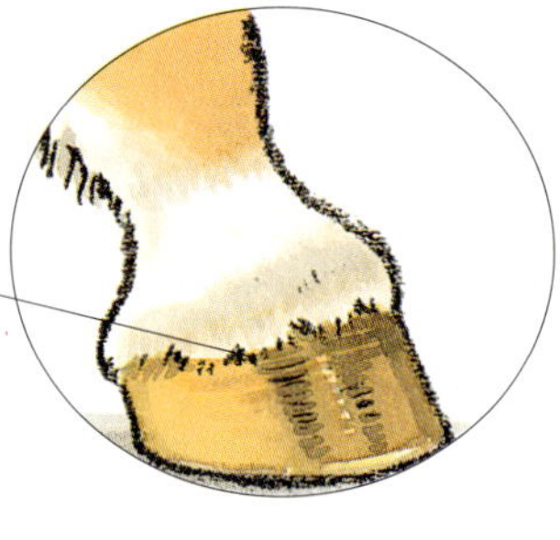

Was spricht man schneller aus: „Reitkissen“ oder „weicher Sattel ohne Sattelbaum“?

Reitkissen

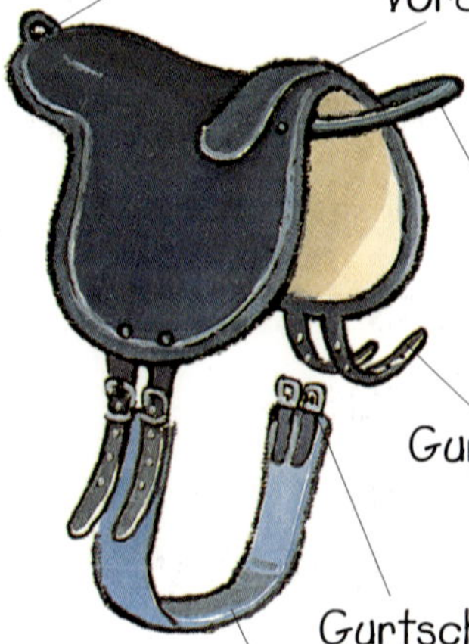

Alle Pferde haben oberhalb ihrer Augen eine kleine Einkerbung, die so genannte „Grube“.

Ein Pferd mit weißen Partien am unteren Teil seiner Beine nennt man „weiß gefesselt“ oder „weiß gestiefelt“.

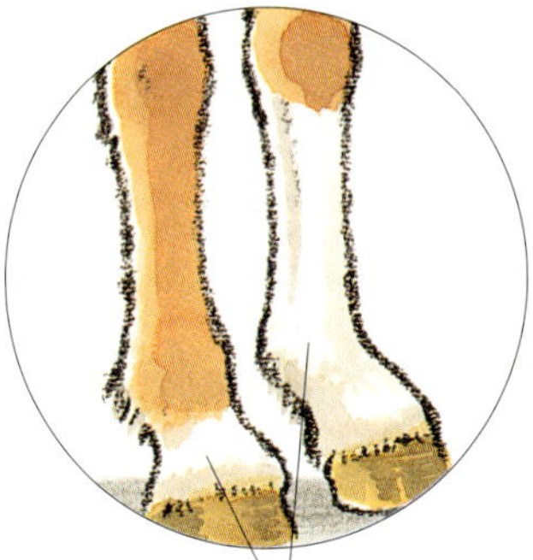

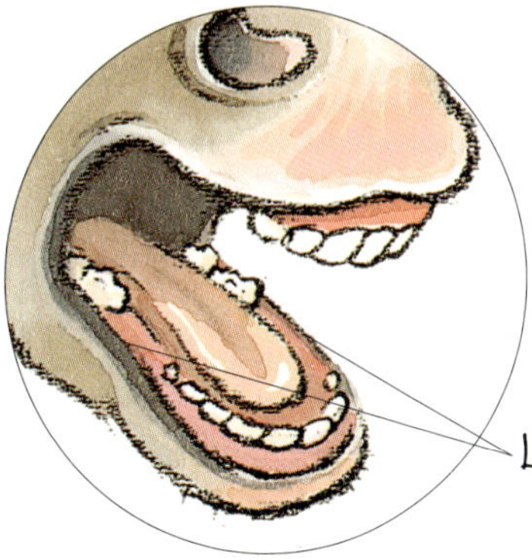

Sagst du lieber „Laden“ oder „zahnlose Stellen im Pferdegebiss“?

Der Körper des Pferdes

Jeder Teil des Pferdekörpers hat einen Namen, und wenn man es benennen will, ist es sehr praktisch, wenn man das richtige Wort kennt. Dann weiß jeder genau, wovon man spricht.

Im **Oberschenkel** und in der **Hinterbacke** sitzen sehr große Muskeln. Mit Hilfe ihrer Schubkraft bewegt sich das Pferd vorwärts.

Am **vorderen Bauch** läuft beim gesattelten Pferd der Sattelgurt entlang. Diese Stelle muss immer sauber sein, damit der Gurt die Pferdehaut nicht wund scheuert.

Siehst du, wo sich der **Widerrist** befindet? Beim Reiten sitzt du genau dahinter. Bei manchen Pferden ragt der Widerrist wie ein kleiner Höcker hervor, bei anderen ist er fast ganz flach.

Zwei „Hände"

Alle Körperpartien des Pferdes, die vor der Zügelhand des Reiters liegen, heißen „Vorhand". Alle Körperpartien, die sich hinter der Zügelhand des Reiters befinden, gehören zur „Hinterhand".

Die verschiedenen Fellfarben

Die Argentinier haben über hundert Wörter für die verschiedenen Fellfarben der Pferde! Du denkst vielleicht, das sei verrückt, weil es gar nicht hundert Farben gibt. Da irrst du dich! Denn das Fell eines Pferdes kann aus verschiedenfarbigen Haaren bestehen oder unterschiedlich gefärbte Flecken aufweisen.

Schimmel

Brauner

Rappe

Falbe

Fuchs

Mausgrauer

Es gibt Pferde, deren Fell- und Mähnenhaare sind von gleicher Farbe: Schimmel (**Weiß**), Rappe (**Schwarz**), Fuchs (**Rotbraun**) und Isabelle (**Hellbraun**, fast gelb).

Und es gibt Pferde mit einfarbigem Fell, schwarzer Mähne und schwarzen Beinen: der **Braune** (rotbraunes Fell), der **Falbe** (hellbraunes Fell) und der **Mausgraue** (graues Fell).

Rappschimmel

Schecke

Palomino

Rotschimmel

Appaloosa

Dunkelbrauner

Stichelhaar

Manche Felle sind auch zweifarbig, so beim **Rappschimmel** (Schwarz und Weiß), **Rotschimmel** (Rotbraun und Weiß) und beim **Dunkelbraunen** (Braun und Schwarz).

Und es gibt Pferde mit sehr auffälligem Fell: den **Schecken** (Weiß mit rotbraunen oder schwarzen Flecken), den **Palomino** (goldfarben), den **Appaloosa** (gefleckt), und, nicht zu vergessen, den dreifarbigen **Stichelhaar** (Fuchsrot, Schwarz und Weiß).

Das Pferd auf der Weide

Für das Pferd ist die Weide „Sportplatz“ und „Speisesaal“ zugleich.

Allein auf der Weide

Was passiert, wenn du ein Pferd allein auf die Weide lässt? War es bisher noch nie allein, so wird es erst einmal nervös und mit unzufriedener Miene am Gatter entlangtraben. Denn es sucht immer die Gesellschaft anderer Pferde. Mit der Zeit aber gewöhnt es sich recht und schlecht an die Einsamkeit …

Wenn du ein Pferd auf der Weide beobachtest, wirst du feststellen, dass es fast ununterbochen grast. Ein Hund verschlingt sein Fressen im Nu. Ein Pferd aber ist mehr als die Hälfte seines Lebens mit Fressen beschäftigt!

Stets wachsam

Selbst wenn es grast, bleibt das Pferd stets in Alarmbereitschaft. Seine Augen, seine Nase und seine Ohren geben ihm Auskunft darüber, was ringsum geschieht. Nichts entgeht ihm! Wenn mehrere Pferde zusammen sind, hat oft eines von ihnen „Wachdienst".

Schlechtes Wetter

Ein Pferd stellt sich immer mit der Kruppe in die Richtung, aus der Wind oder Regen kommen. So versucht es, sich zu schützen.

Zufrieden?

Trabt das Pferd und wirft dabei den Hals hin und her, so ist es zufrieden. Das „Schweifwedeln" hat damit aber gar nichts zu tun: Es dient nur dazu, die Fliegen zu vertreiben!

Das Herdenleben

Wenn mehrere Pferde auf der Weide stehen, bleiben sie meist dicht beisammen. Warum wohl? Weil sie sich so sicherer fühlen. Denn zehn Augenpaare erkennen eine Gefahr leichter als eines.

Ranghöhere und Rangniedere

Beim Verteilen des Heus für die Pferde sollte man eine Grundregel beachten. Schüttet man es zu einem einzigen Haufen auf, so kann man beobachten, dass immer dieselben Pferde zuerst fressen. Es sind die „Ranghöheren". Die anderen, schwächeren Tiere nennt man die „Rangniederen". Sie nähern sich dem Heu erst, wenn die Ranghöheren es ihnen erlauben. Deshalb sollte man das Heu zu mehreren Haufen aufschütten.

Platz da!

Ein Pferd nähert sich saftigen Grasbüscheln. Da kommt ein Ranghöherer mit vorgestrecktem Kopf und angelegten Ohren. Der Schwächere entfernt sich: Das schöne Gras gehört jetzt dem anderen …

Friedliche Gewalt

Manchmal macht ein Rangniederer Anstalten, sich zu wehren. Aber nicht lange, denn der Ranghöhere gebärdet sich immer lebhafter und aggressiver. Er wirft den Kopf heftig hin und her und tritt mit einem Vorderbein aus. Er legt seine Ohren eng an. Manchmal stößt er auch ein leichtes Grollen aus. Zu guter Letzt gibt der Rangniedere nach.

Pferde sind friedlicher als wir Menschen. Gehen sie aber wirklich einmal aufeinander los, kann es zu einem harten Kampf kommen. Dann bleibt der Besiegte vielleicht mit einem gebrochenen Vorderbein oder zerschlagenem Gebiss zurück. Es steht nun sehr schlecht um ihn …

Rette sich, wer kann!

Pferde sind scheue Tiere. Alles, was sie nicht kennen oder was sie überrascht, macht ihnen Angst. Das kann ein Blitz an einem Gewittertag, ein vom Wind hochgewirbeltes Zeitungsblatt oder ein Geräusch sein, das sie noch nie gehört haben.

Überstürzte Flucht

Sobald sie das Gefühl haben, in ihrer Nähe lauert Gefahr, galoppieren sie auf und davon. Manchmal folgt dabei die ganze Herde einem einzelnen Pferd, ohne überhaupt zu wissen, wovor es Angst hat.

Eine Mauer aus Hufen

Wildpferdherden sind in der Lage, sich gegen Wolfsmeuten zu verteidigen. Die Pferde bilden einen Kreis, stecken ihre Köpfe in der Mitte zusammen und wenden ihre Kruppen nach außen. Die Wölfe stehen nun vor einer gefährlichen Mauer aus Hufen, mit denen Pferde genau zielen können, denn sie haben ein großes Blickfeld.

Nicht feige

Doch ein Pferd kann auch großen Mut beweisen. Wenn es sich von einem Wolf oder einem Puma in die Enge getrieben fühlt, nimmt es den Kampf auf. Es tritt das Raubtier mit den Vorderhufen und bedroht es durch Zähnefletschen.

Wenn sich Angst zur Panik steigert

Die Angst eines Pferdes steigert sich manchmal zu echter Panik. Dann reagiert es unter Umständen völlig kopflos und gefährdet sich selbst. So ist es schon vorgekommen, dass ganze Herden gegen ein Gatter angerannt sind. Andere sind von einer Klippe gestürzt, weil sie in Panik den Abgrund nicht rechtzeitig gesehen hatten …

Spiel und Freundschaft

In der Gruppe schließen Pferde Freundschaften und spielen gern zusammen. Für die Fohlen ist das Spiel auch eine Übung für das Leben.

Erzieherische Spiele

Die Fohlen schlafen, saugen am Euter der Mutter, grasen ein bisschen und spielen zusammen. Wenn sie sich im Galopp verfolgen, lernen sie dabei zu fliehen. Manchmal richten sich zwei Fohlen auf den Hinterbeinen voreinander auf. Oder sie werfen die Hinterbeine zurück, als wollten sie treten, und üben sich so im Kampf.

Gegenseitige Hilfe

Wenn du jemanden richtig lieb hast, möchtest du ihn streicheln. Die Pferde sind wie du. Manchmal stellen zwei von ihnen sich in entgegengesetzter Richtung nebeneinander: So vertreiben sie liebevoll mit ihrem Schweif die Fliegen vom Kopf des anderen.

Oft beknabbern sich zwei Freunde gegenseitig hinter dem Widerrist. Das Kratzen genau an dieser Stelle reguliert den Blutkreislauf. Bei sich selbst kann ein Pferd das nicht machen.

Ein lieber Freund

Mit zwei oder drei Jahren sind Pferde schon fast erwachsen. Sie spielen jetzt nicht mehr so viel miteinander, doch sie vernachlässigen ihre Freunde nicht. Fast immer gibt es einen, mit dem sie am allerliebsten zusammen sind.

Wenig Schlaf

Du wirst nicht oft die Gelegenheit haben, ein schlafendes Pferd zu sehen. Denn Pferde schlafen sehr wenig. Die Angst vor Gefahr hält sie wach.

Ruhephasen

Wie deine Muskeln müssen sich auch die eines Pferdes ausruhen. Seine größten Muskeln sitzen an der Hinterhand. Es kann sie abwechselnd entspannen, ohne sich hinzulegen. Es hebt dazu immer abwechselnd ein Bein an.

Im Stehen schlafen

Pferde schlafen tatsächlich meistens im Stehen! Sie lassen den Kopf ein wenig nach vorne hängen, schließen die Augen und dösen. Aber ihr Nickerchen dauert nie länger als ein paar Minuten.

Tiefschlaf

Die Fohlen legen sich zum Schlafen hin und schlafen viel und lange. Sie tun das ohne jede Furcht, denn ihre Mütter wachen ja über sie. Erwachsene Pferde legen sich seltener hin, da sie jederzeit bereit sein müssen sofort zu fliehen. Meist tun sie es nur, wenn einer ihrer Artgenossen in der Nähe Wache hält. Dann schlafen sie zwar tief, aber trotzdem nur ziemlich kurz.

Schlaf im Morgengrauen

Ob im Stehen oder Liegen, Pferde schlafen nicht zu jeder beliebigen Uhrzeit. Sie dösen erst ein, wenn um sie herum alles ruhig ist. Oft machen sie ihr Nickerchen im Morgengrauen, wenn in der Wildnis die Raubtiere gesättigt von der Jagd heimkehren …

Das Pferd im Stall

Pferde sind am liebsten in der freien Natur. Daher fühlen sie sich im Stall manchmal ein bisschen wie in einem Gefängnis. Doch wenn du dich um sie kümmerst, werden sie sich wohl fühlen.

Nervosität

Beim Besuch in der Box triffst du manchmal ein nervöses Pony an. Es ist unaufhörlich in Bewegung, trippelt umher oder schabt mit den Hufen über den Boden. Dieses Verhalten kann zwei verschiedene Ursachen haben: Entweder war das Tier zu lange eingesperrt und muss sich mal „die Beine vertreten" oder die Fressenszeit naht und es hat Hunger. Im Stall kann es ja nicht fressen, wann es will.

Freundschaftszeichen

Wenn du ein Pony striegelst, knabbert es manchmal ganz zart an deinem Arm oder Rücken. Es genießt es, gestriegelt zu werden, und will dir Gleiches mit Gleichem vergelten, so wie es das auch mit einem anderen Pferd tun würde. Es will dir nichts Böses! Trotzdem solltest du ihm dieses Verhalten nicht erlauben, denn irgendwann könnte es vergessen, dass du kein Pony bist, und dir weh tun.

Der Geruch und die Fresslust

Wenn du ein Pferd im Stall aufsuchst, beschnuppert es dich oft ausgiebig. Das tut es nicht, weil du gut oder schlecht riechst, sondern weil es wissen will, ob du Möhren in der Tasche hast!

Mit der Nase zuerst

Ein Pferd langweilt sich oft in seiner Box. Dann streckt es den Kopf aus der Box, um alles zu beobachten, was sich im Stall bewegt. Wenn du ihm auf der flachen Hand einen unbekannten Gegenstand hinhältst, fährt es mit der Nase darüber. Es ist seine Art der Berührung, bei der ihm die großen Tasthaare (oder Vibrissen) an der Nase helfen. Und da es sehr naschhaft ist, will es natürlich herausbekommen, ob du etwas zu essen mitgebracht hast!

Beim Ausritt

Beim Ausreiten merkst du, wie dein Pony auf bestimmte Dinge reagiert. Für sein Verhalten gibt es immer eine Erklärung.

Den Freund einholen

Dein Pony will unbedingt seinen Vordermann einholen und ihn sogar überholen! Bestimmt versucht es, seinem Lieblingsfreund näher zu sein. Wenn du deine Ruhe haben willst, lässt du es gewähren. Im Allgemeinen solltest du aber darauf achten, dass dein Pony seinen Platz in der Reihe nicht verlässt.

Ungeduld

Wenn ihr zwischendurch eine Pause macht, wunderst du dich vielleicht, warum dein Pony von einem Bein aufs andere tritt. Keine Sorge, das macht es nur, weil es schnell weitermöchte. Vor allem wenn ihr auf dem Rückweg seid.

Seltsame Scheu …

Vielleicht versucht dein Pony auch einen großen Bogen um bestimmte Dinge zu machen, an denen ihr vorbeikommt, zum Beispiel eine Absperrung oder ein Strommast. Lass ihm seinen Willen. Denn das tut es sicher, weil es schon einmal eine böse Erfahrung mit etwas Ähnlichem gemacht hat. Die möchte es nicht gern wiederholen.

Misstrauen …

Möglicherweise weigert sich dein Pony seinen Fuß auf eine Holzbrücke zu setzen. Es ahnt wohl, dass es darunter in die Tiefe geht, und ist einfach nur misstrauisch. Sitz ab und führ das Pony an der Hand – so wird es bereit sein, die Brücke zu überqueren!

5 – PONY-SPIELE

„Eins, zwei, drei, vier, fünf,
das Pony hat weiße Strümpf,
das Pony, das hat kein Haus
und du bist raus!“

Cowboy und Indianer

Die Cowboys halten sich in der Mitte des Reitplatzes auf. Die Indianer reiten um sie herum. Jeder hat ein Säckchen voller Papierkugeln oder kleiner Bälle. Diese Bälle stellen die Pfeile der Indianer und die Kugeln der Cowboys dar, mit denen man sich nun gegenseitig beschießt.

Sobald ein Indianer von einem Ball oder ein Cowboy von einem Pfeil getroffen ist, hört er auf zu spielen. Stattdessen wird er Balljunge. Das Spiel ist zu Ende, wenn eine Mannschaft keine Kämpfer mehr hat. Diese Mannschaft hat verloren.

Auf dem Markt

Über den gesamten Reitplatz sind Marktstände verteilt (Tische, Kisten, Tonnen usw.). An jedem Stand liegen Karten aus, auf denen Waren abgebildet sind (Möhren, Konserven, Kleidungsstücke usw.). Jeder Reiter muss seine Einkäufe auf dem Markt erledigen.

Jeder hat eine Einkaufstasche dabei und eine Liste, auf der die Waren stehen, die er kaufen soll. Man reitet zu den einzelnen Ständen, um sich dort die Waren zu holen. Aber alles, ohne abzusitzen! Gewonnen hat, wer seine Einkäufe zuerst erledigt hat.

Geschenke vom Weihnachtsmann

Jeder Reiter hat einen Korb auf dem Rücken und eine Plastiktüte mit zehn Papierbällen. Ziel ist es, die Bälle in die Körbe der anderen Spieler zu werfen und gleichzeitig zu verhindern, dass die Mitspieler Bälle in den eigenen Korb werfen. Am Ende des Spiels hat gewonnen, wer die wenigsten Bälle in seinem Korb hat.

Naschmäuler-Reiten

Dies ist ein Spiel für gute Reiter. Und für Naschmäuler! Auf dem Reitplatz wird ein Kurs mit verschiedenen Hindernissen aufgebaut. Beim Start erhält jeder Spieler einen Lutscher. Man muss die Strecke so schnell wie möglich zurücklegen und dabei seinen Lutscher auspacken! Die Stoppuhr entscheidet, wer auf welchem Platz landet. Gewertet wird nur, wer mit ausgepacktem Lutscher durchs Ziel geritten ist!

Die Jagd nach den Ringen

Zwei Mannschaften werden gebildet. Jede hat ihr eigenes Totem (einen Ständer oder einen Stock, der in einem Kegel steckt). Über den Reitplatz sind Fässer oder Kisten verteilt, auf denen Ringe liegen. Die Reiter müssen sich diese Ringe holen und sie über das Totem ihrer Mannschaft stülpen, ohne dabei abzusitzen. Und ohne das falsche Totem zu erwischen! Die Mannschaft, die die meisten Ringe zu ihrem Totem gebracht hat, ist Sieger.

Im Straßenverkehr

Auf dem Reitplatz legt man mit Stangen und Kegeln eine Stadt an. Dort gibt es normale Straßen, Schnellstraßen und Schilder, die Einbahnstraßen, Kreisverkehr usw. anzeigen. Die Mitspieler reiten, wohin sie möchten, müssen sich dabei aber an die Straßenverkehrsordnung halten: rechts vor links, stehen bleiben bei Rot usw. Gewonnen hat, wer die wenigsten Verstöße gegen die Verkehrsordnung begangen hat.

Die Jagd nach dem Schatz

Zwei Reitermannschaften stehen an einem Ende des Reitplatzes bereit. Jede hat einen Tresor (ein Viereck aus Stangen). Am anderen Ende des Reitplatzes befindet sich der Schatz. Er besteht aus großen Karten, die auf der Erde liegen. Auf jeder Karte ist ein bestimmter Wert eingetragen.

Auf ein Zeichen hin reitet ein Spieler aus jeder Mannschaft zu dem Schatz. Er sitzt ab, hebt eine Karte auf, steigt wieder auf sein Pony und bringt das Geld zurück zum Tresor seiner Mannschaft. Dann klatscht er einen seiner Mannschaftskameraden ab, der nun losreitet. Sobald der Schatz gehoben ist, wird das Geld in jedem Tresor zusammengezählt. Gewonnen hat die Mannschaft, die das größte Vermögen angehäuft hat.

Der Umzug

Auf dem Reitplatz steht jeder Reiter in seinem Stall (dargestellt durch einen Plastikkegel).
Nur ein Reiter hat keine Unterkunft für sein Pony.
Er steht in der Mitte des Platzes und ruft zum Beispiel:
„Sylvia und Fabian ziehen um!"

Während Fabian und Sylvia die Ställe tauschen, versucht er selbst einen der gerade frei gewordenen Ställe zu besetzen. Derjenige, der ohne Unterkunft zurückbleibt, muss nun selbst in die Mitte reiten und sagen, wer umziehen soll, um selbst wieder eine Unterkunft zu erobern. Er kann auch alle Mitspieler zum Umzug auffordern.

Kleiner Imbiss

Den Imbiss müssen sich Reiter und Ponys erst einmal verdienen!
In einer Ecke des Reitplatzes hängt auf der Höhe eines Ponymauls eine Möhre. Und ein wenig darüber hängt ein Apfel.
Dein Pony und du, ihr verdient euch diesen Leckerbissen, indem ihr einen zuvor aufgebauten Hindernisparcours abreitet.
Die Belohnung müsst ihr euch mit den Zähnen schnappen!

Die Frösche

Der Reitplatz ist ein großer Tümpel, auf dem Seerosenblätter (Tische, Hocker oder andere Dinge) schwimmen. Auf jedem Blatt sitzt ein Frosch (Ring oder Halstuch), den man, ohne abzusitzen, ergreifen kann.
Die Reiter müssen nun den Fröschen helfen von einem Blatt zum nächsten zu hüpfen. Jeder kann sich einen Frosch nehmen und ihn auf ein anderes Seerosenblatt setzen, das gerade frei ist. Wer das schafft, bekommt einen Punkt.
Wer die größte Punktzahl erzielt, gewinnt die Partie.

Hänschen sagt

Die Spieler reiten im Kreis über den Reitplatz. Jeder von ihnen hat drei Tücher bei sich. Nun gibt der Reitlehrer Anweisungen.
Wenn er nur sagt: „Alle im Galopp!", darf man ihm auf keinen Fall gehorchen.
Doch wenn vor seinem Kommando noch der Zusatz „Hänschen sagt" kommt, muss man ihm unbedingt gehorchen.
Jedes Mal, wenn ein Reiter einen Fehler macht, muss er eines seiner Tücher abgeben. Das Spiel ist zu Ende, wenn einer der Reiter kein Tuch mehr hat.

Lasso werfen

Drei junge Kühe (Plastikkegel) stehen dicht nebeneinander auf dem Reitplatz. Eine ist einen Punkt, die zweite zwei Punkte und die dritte drei Punkte wert.
Jeder Reiter nimmt sich ein Lasso (einen Reifen) und versucht nun eine der Kühe einzufangen.
Gewonnen hat, wer mit drei Würfen die meisten Punkte erzielt hat.

Der Teufels-schwanz

Zunächst wird ausgelost, welcher Reiter der Teufel sein soll. Mit Klettband hängt man ihm einen langen Schwanz (ein großes Tuch) an den Rücken. Das Spiel besteht darin, den Teufel einzuholen und ihm den Schwanz abzureißen, um selbst Teufel zu werden! Wenn du das schaffst, bist du ein geschickter Reiter!

Gold und Gift

Zwei Reiter werden ausgelost. Der eine bekommt ein gelbes Tuch, das Gold, der andere ein rotes, das Gift. Der, der das Gold besitzt, versucht natürlich es zu behalten. Doch sobald ihn ein anderer Reiter berührt, muss er sein gelbes Tuch an ihn abgeben. Derjenige, der das Gift hat, versucht es loszuwerden. Schafft er es, einen anderen Reiter zu berühren, muss dieser sein rotes Tuch übernehmen.
Was macht wohl mehr Spaß: schnell davonzureiten, um den anderen zu entkommen, oder die Mitspieler zu verfolgen?

Ringreiten mit Bällen

Ein dünner Reifen wird mit einem Seil in erreichbarer Höhe (an einem Tor oder einem Ast) aufgehängt. Nacheinander reitet jeder mit seinem Pony darunter hindurch und versucht dabei einen Ball durch den Reifen zu werfen. Jeder gelungene Wurf wird mit einem Punkt gewertet. Alle Reiter machen gleich viele Versuche. Und wenn du es bist, der die meisten Punkte hat, hast du natürlich gewonnen!

Bommel fangen

Alle Reiter reiten im Kreis wie durch eine Zirkusarena. In der Mitte des Kreises steht der Reitlehrer.
Er schwingt einen Stab, an dessen Ende eine Bommel hängt. Wer die Bommel fängt, hat gewonnen. Und bekommt beim Nachmittagsimbiss eine Extraportion!

Pony-Bowling

An verschiedenen Punkten des Reitplatzes werden Bowlingkegel aufgestellt. Die Spieler müssen sie nun nacheinander mit einem Stock umstoßen. Doch aufgepasst! Auf dem Parcours darf man nirgends kehrtmachen. Die Reiter müssen ihre Strecke also schon vorher so planen, dass sie möglichst viele Kegel umwerfen können. Jeder umgeschmissene Kegel bringt einen Punkt.

Die Brücke am Kwai

Zwei Mannschaften müssen auf dem Reitplatz einen vorher aufgebauten Parcours abreiten. An einer bestimmten Stelle müssen die Reiter unter der Brücke am Fluss Kwai (eine locker auf zwei Ständer gelegte Stange) hindurchreiten.
Es gewinnt die Mannschaft, die am häufigsten unter der Brücke hindurchgeritten ist. Aber Vorsicht, eine Runde zählt nur, wenn alle Reiter der Mannschaft die Aufgabe erfüllt haben.

6 – GROSSE REITER AUS ALLER WELT

Sie kommen aus aller Herren Länder, sind Viehhüter, Jäger oder Krieger … Ihren Ruhm verdanken sie den Pferden.

Die Kosaken

Die Kosaken ritten einst durch die weiten Ebenen Russlands und waren große Krieger. Ihre wirksamste Waffe: die Reitkunst!

Einige Voltigierübungen sind den Reitkünsten der Kosaken abgeschaut.

Das Pferd zuerst

Das erste Wort, das man den Kosakenkindern beibrachte, war „Pferd". Und sobald sie laufen konnten, setzte man sie in den Sattel. Sie mussten alles über das Reiten wissen und das Pferd war ihr Lehrer!

Kunstreiter

Um in die Ferne blicken zu können, stellte der Kosak sich aufrecht auf den Sattel seines galoppierenden Pferdes! Und wollte er einem Säbelhieb ausweichen, so legte er sich gegen die Flanke des Tieres. Er schaffte es sogar, sich unter den Bauch des Pferdes zu hängen. Und all das im Galopp!

Meisterhafte Reiter

Wenn die Kosaken einen Fluss oder gar einen Strom überwinden wollten, brauchten sie dafür keine Brücke. Sie schwammen mit ihren Pferden zum anderen Ufer hinüber! Im Sattel konnten sie doppelt so große Entfernungen zurücklegen wie andere Reiter.

Eroberer

Die Kosaken waren die Elitereiter der russischen Zaren. Für ihren Herrscher haben sie gegen die Türken, die Polen und die Schweden gekämpft. Für ihn haben sie sogar Sibirien erobert, ein Land, das viel größer ist als Europa!

Die Beduinen

Diese Nomaden leben im Norden Afrikas, in der trockenen Region am Rande der Sahara und im Nahen Osten.

Das Gras und das Pferd

Regen und folglich auch Gras sind in ihrer Heimat selten. So sind die Beduinen stets auf der Suche nach neuem Weideland. Auf dem Rücken ihrer Pferde treiben sie ihre Kamel-, Schaf- und Pferdeherden ohne Unterlass vor sich her.

Der Koran und das Pferd

Die Beduinen sind Moslems. Ihre Religion mahnt sie dazu, gut für ihre Pferde zu sorgen. Denn im Koran heißt es „Das Pferd ist das Gute schlechthin“, „Wer ein Pferd hat und es ehrt, den wird auch Gott ehren“ und vor allem: „Alles Glück dieser Erde liegt auf dem Rücken der Pferde“.

Die Fantasia

Eine Fantasia war früher eine Siegesfeier, die die Krieger bei der Rückkehr von ihrem Beutezug veranstalteten. Sie galoppierten umher und schossen in die Luft. Sie warfen ihre Waffen hoch und fingen sie wieder. Vielleicht kannst du einmal eine Fantasia bei einem Folklorefest miterleben.

Eine besondere Erziehung

Die Pferde der Beduinen wurden einst mit besonderer Sorgfalt erzogen. Um ein Fohlen an den Reiter zu gewöhnen, legte man ihm einen Sattel auf, den man mit einem kleinen Sandsack belud. Mit zunehmendem Alter steigerte man das Gewicht des Sandsacks. Wenn sich schließlich ein Reiter in den Sattel schwang, fand das Pferd dies ganz normal.

Der Beutezug

Die Beduinen waren einst ein plünderndes Volk. Sie überfielen andere Stämme und raubten sie aus. Bei solchen Beutezügen mussten ihre Pferde lange und schwierige Rennen durchhalten. Das gelang ihnen, weil sie bestens trainiert waren.

Die Mongolen

In der Mongolei sind Motorrad und Computer heute nichts Unbekanntes mehr. Und doch benutzen die Mongolen immer noch ihre Pferde und leben wie vor tausend Jahren mit ihnen zusammen.

Robuste Pferde

In der Mongolei ist es im Sommer sehr heiß und im Winter bitterkalt. Die mongolischen Pferde leben immer draußen. Im Winter schaben sie den Boden vom Schnee frei, um zu weiden, und brechen auf der Suche nach Wasser das Eis auf. Im Sommer können sie große Hitze ertragen. Sie sind sehr widerstandsfähig.

Mittelpunkt des Lebens

Die Mongolen benutzen ihre Pferde zum Reisen, aber auch, um ihre Herden von Weideplatz zu Weideplatz zu treiben. Denn sie züchten Jaks, Kamele und auch Pferde! Und sie trinken Stutenmilch. Ohne Pferde wären sie verloren …

Seltsames Lasso

Die mongolischen Pferde leben wie Wildpferde. Deshalb kann man sie nur mit einem Lasso einfangen. Die Mongolen benutzen Lassos, bei denen die Schlinge am Ende einer Stange sitzt.

Nicht auf Stuten

In der Mongolei werden nur Wallache geritten. Man würde es als Schande empfinden, eine Stute zu reiten, da sie ja die Milch spendet und die Fohlen zur Welt bringt. Hengste werden nur für die Wolfsjagd gesattelt.

Die Reiterinnen

In der Mongolei reiten nicht nur die Männer, sondern auch die Frauen. Und wenn man sagt, dass „ein Mongole nie vom Pferd fällt", so meint man damit auch die Frauen.
Manche Frauen sind sehr gute Reiterinnen. Genießt eine von ihnen besonderes Ansehen, so bietet man ihr an auf einem weißen Pferd zu reiten. Denn die weißen Pferde sind die prächtigsten von allen.

Die Cowboys

Du kennst die berühmten Reiter Nordamerikas aus dem Fernsehen. Aber das Leben der echten Cowboys sieht anders aus als im Westernfilm!

Die Rinder an erster Stelle

Die Cowboys (wörtlich: „Kuh-Jungen") sind nichts anderes als Rinderhirten. Ihre Arbeit besteht darin, die großen Herden zu bewachen, zu pflegen und im Winter zu füttern. Dafür brauchen die Cowboys keine Revolver, aber unbedingt Pferde.

Mit Pferd, Auto und Flugzeug

Die modernen Cowboys haben große Geländewagen, in denen sie weite Strecken auf Straßen und unbefestigten Wegen zurücklegen. Sie überwachen ihre Herden von Flugzeugen oder vom Hubschrauber aus. Doch sie können die Tiere nicht ohne ihr Pferd zusammentreiben. Denn tief in einem Cañon oder im Busch taugt das beste Fahrzeug nichts.

Das Vieh zusammentreiben

Einmal im Jahr wird alles Vieh zusammengetrieben, damit die Kälber gezählt werden können. Zu Pferde holen die Cowboys die Rinder aus den entlegensten Winkeln. Dann fangen sie mit dem Lasso die Kälber ein, um sie zu impfen. Das ist eine schwierige Arbeit! Und dafür müssen Pferd und Reiter ein gutes Team bilden.

Das Rodeo

Die Cowboys lieben es, ihre Reitkünste vorzuführen und sich bei den Wettbewerben des Rodeos zu messen. Dort reiten sie wilde Pferde, spielen mit dem Lasso und tragen sogar Wagenrennen aus.

Die Indianer

Die Indianer waren nicht immer Reiter, denn vor dem Eintreffen der spanischen Eroberer gab es in Amerika noch keine Pferde. Als sie dann aber reiten lernten, waren sie bald Meister darin!

Reiterische Glanzleistungen

Die Indianer der Steppen lebten von der Bisonjagd. Auf ihren Pferden galoppierten sie mitten in die Herden hinein und ritten ganz nah an die Tiere heran, um sie mit einem Pfeil zu erlegen. Zum Bogenschießen braucht man beide Hände. Wie aber lenkten die Indianer gleichzeitig ihre Pferde? Nur mit dem Po und den Beinen!

Geborene Reiter

Die Indianer entdeckten das Pferd, noch bevor sie dem weißen Mann begegneten. Deshalb kannten sie weder Sättel noch andere Teile des Zaumzeugs. Trotzdem wurden sie in kurzer Zeit zu hervorragenden Reitern. Sie ritten ohne Sattel und lenkten ihr Reitpferd nur mit einem einfachen Seil, das sie ihm um den Unterkiefer banden.

Die roten Teufel

Die amerikanischen Soldaten waren immer von der großen Geschicklichkeit der indianischen Reiter beeindruckt. „Rote Teufel" – so nannten sie die Indianerkrieger und manche Soldaten behaupteten sogar, die Indianer stellten „die beste Kavallerie der Welt". Das war ein riesiges Kompliment!

Lernen im Wasser

Beim Zureiten eines Pferdes wandten die Indianer eine List an. Sie führten es bis zu den Schultern ins Wasser und schwangen sich erst dann auf seinen Rücken. So konnte das Pferd sich nicht wehren und sein Reiter ihm schnell beweisen, dass es ungefährlich ist, einen Menschen auf dem Rücken zu tragen. Gute Idee, oder?

Die Gauchos

In Südamerika nennt man die Cowboys „Gauchos“. Sie leben in der Weite der argentinischen Pampa.

Der Criollo

Der Gaucho reitet das Pferd seines Landes, den Criollo. Dieses Tier besitzt eine unglaubliche Ausdauer. Alljährlich wird in der Pampa ein Rennen veranstaltet, an dem nur Criollos teilnehmen, die so genannte „marcha“. Dabei müssen die Pferde innerhalb von 14 Tagen 750 km zurücklegen. Während dieser Zeit fressen sie nur Gras. Am Ziel werden nur die Pferde bewertet.

Eine verrückte Reise

Zwischen 1925 und 1928 unternahm ein Reiter mit zwei Criollos eine unglaubliche Reise. Er ritt mit ihnen von Buenos Aires in Argentinien bis nach New York. Dabei durchquerten sie zwei Kontinente! Die Strecke betrug 16 000 km und der Weg führte durch Wüsten und Gebirge! Die beiden Pferde hießen Mancha und Gato und der Reiter Aimé Tschiffely. Diese Namen kennt in Argentinien heute noch jeder.

Die Tücken der weiten Ebene

Der Boden der Pampa ist an vielen Stellen von Tieren unterhöhlt. So kann es passieren, dass ein Pferd mitten im Galopp mit einem Huf in einem solchen Loch hängen bleibt. Es stürzt und der Reiter mit ihm! Aber Gauchos sind so geschickte Reiter, dass sie fast immer auf die Füße fallen!

Ein seltsamer Sattel

In der Pampa wächst viel Gras, aber es gibt kaum Bäume. Der Holzmangel brachte die Gauchos auf die Idee, den Sattelbogen ihrer Sättel aus Schilfrollen zu fertigen.

Die Gardians

In der Camargue, einer sumpfigen Gegend im Südosten Frankreichs, werden schwarze Stiere und weiße Pferde gezüchtet. Die Gardians überwachen die Herden.

Alle Pferde können schwimmen, doch am besten kann es wohl das Camargue-Pferd.

Kleine Pferde ganz groß

Niemand kann heute sagen, seit wann die weißen Pferde in der Camargue leben. Man weiß nur, dass schon Julius Cäsar sie schätzte. Denn diese kleinen Pferde haben ganz besondere Fähigkeiten. Sie begnügen sich mit kargster Nahrung, sind wendig und bewegen sich geschickt auf sandigem und schlammigem Boden. Und sie sind sehr widerstandfähig.

Abrivado

In der Camargue werden alljährlich in der Arena Spiele mit Stieren veranstaltet, aber ohne dass man sie dabei tötet. Die Gardians holen sie aus den Sümpfen und treiben die Tiere vor sich her, indem sie sie mit ihren galoppierenden Pferden einkreisen. Doch sobald sie in die Stadt kommen, versuchen schaulustige Fußgänger, den Tieren mit allen Mitteln das Ausreißen zu ermöglichen! Konnten die Gardians die Stiere schließlich doch noch in die Arena führen, ist ihnen der „Abrivado" gelungen.

Strafarbeit

Bevor es die Dreschmaschine gab, setzte man in der Camargue die kleinen weißen Pferde dazu ein, das Korn vom Stroh zu trennen. Von morgens bis abends stampften die Pferde auf den Getreidegarben herum. Man hat versucht diese schwere Arbeit von Pferden anderer Rassen ausführen zu lassen, doch keines hat länger als zwei Tage durchgehalten …

Sicher im Sattel

Schau dir den Sattel des Gardians genau an. Er ähnelt den Sätteln, die man im Mittelalter benutzte. Damals gingen die Ritter mit Lanzen aufeinander los. Und um den Hieben des Gegners standzuhalten, mussten sie festen Halt in ihrem Sattel haben. Dem Gardian geht es genauso. Denn zum Vorantreiben der Stiere benutzt er seinen Dreizack, der ähnlich wie eine Lanze aussieht.

7 – PFERDE-GESCHICHTEN

164 ZAUBERER UND DIE KLEINE KUNSTREITERIN

165 UNO UND DER JUNGE GAUCHO

166 POLLY UND DER MÜLLERSSOHN

167 D'ARTAGNANS PFERD UND DER STALLBURSCHE

168 FEUERWOLKE UND KLEINE BLUME

169 NOMADE UND DIE ZIGEUNERIN

170 APTO DE HALLIER UND DER JOCKEYLEHRLING

171 MANSUR UND DIE KLEINE BEDUININ

172 PEGASUS UND DER PAGE DES KÖNIGS

173 SPOKY UND DER KLEINE COWBOY

174 WEISSHUF UND DIE MONGOLISCHE REITERIN

Zauberer und die kleine Kunstreiterin

Mit klopfendem Herzen reitet Sabrina auf ihrem Pferd Zauberer durch die Arena. Beide werden ihre Zirkusnummer heute zum ersten Mal vorführen. Zauberer galoppiert leicht und locker im Kreis herum. Sabrina springt zu Boden und schwingt sich sogleich wieder aufs Pferd. Dann stellt sie sich auf die Kruppe des Tieres. Anschließend führt sie Figuren vor, bei denen sie nur auf einem Bein steht. Applaus! Nun sitzt das Mädchen wieder auf ihrem Pferd. Doch da hört Zauberer plötzlich auf zu galoppieren und beginnt nach Lust und Laune durch die Arena zu streifen. Er will gar nicht mehr stehen bleiben. Murmeln im Publikum. Sabrina weint fast schon. Da kommt ihr die Mutter zu Hilfe: Sie erzählt einen Witz und alle Leute lachen. Dann führt sie ihre Tochter mit Zauberer hinter die Kulissen.

Kurz darauf kommt Sabrina auf dem ungesattelten Pferd wieder in die Arena geritten. Sie gibt Zauberer einen kleinen Klaps auf den Hals. Er bäumt sich auf und steht lange. Applaus! Noch ein kleiner Klaps hinters Ohr und das Pferd kniet sich hin. Erneuter Applaus! Und Sabrina murmelt: „Mutter hatte Recht, mit Worten kannst du nichts anfangen. Ich hatte vergessen dir mit den Gesten, die du verstehst, zu erklären, was ich will. Verzeih mir." Unter dem tosenden Beifall des Publikums verlassen beide die Arena.

Uno und der junge Gaucho

Ramiro ist der Sohn eines argentinischen Gauchos. In seinem Land fressen die Pferde nur Gras. Doch am Vorabend eines besonders anstrengenden Tages bekommen sie ausnahmsweise auch etwas Gerste. Eines Abends bittet Ramiros Vater den Jungen seinem Falben Uno Getreide zu geben. Denn am nächsten Morgen hat er einen langen Ritt vor sich. Der Junge tut, was man ihm sagt. Doch am nächsten Morgen hat Uno Durchfall ...

Nachdem er ihm einige Fragen gestellt hat, begreift Gaucho, dass sein Sohn das Getreide vor dem Pferd auf den Boden geschüttet hat. Und während das Tier es gefressen hat, hat es gleichzeitig auch Erde geschluckt. Jetzt hat es einen „Sanddurchfall". Ramiro hat Angst, ausgeschimpft zu werden. Doch sein Vater will ihn nur belehren. Er erklärt ihm, dass man einem Pferd niemals Getreide zu fressen geben darf, das verschmutzt ist. Denn davon wird es ganz sicher krank. Das wird Ramiro so schnell nicht wieder vergessen.

Polly und der Müllerssohn

Eines Morgens spannt der Müller, dem die Mühle „Zu den vier Winden“ gehört, seinen Apfelschimmel Polly vor den Karren. In den Karren lädt er Mehlsäcke, die sein Sohn Peter zum Bäcker bringen soll. Am Abend setzt Peter sich wieder auf den leeren Karren und macht sich auf den Rückweg. Auf einmal bricht ein heftiges Gewitter los und es regnet aus Kübeln. Der Wind heult. Doch der unerschrockenene Polly setzt brav seinen Weg fort.

Der Weg führt durch einen alten Wald, dessen Bäume sich im Sturm biegen. Plötzlich bricht von einer Eiche krachend ein Ast ab. Peter sieht den Ast auf sich niedersausen, kann ihm aber nicht mehr ausweichen und wird hart getroffen ...

Als er wieder zu sich kommt, ist das Gewitter vorbei und die Sonne scheint. Und Peter stellt fest, dass Polly seinen Weg ganz alleine fortgesetzt hat. Sie sind schon fast an der Mühle angekommen! Zu Hause erzählt Peter dem Vater von seinem Erlebnis. Da zuckt der Müller nur mit den Schultern und sagt: „Das ist normal. Ein Pferd, das auf sich gestellt ist, kehrt immer zum Stall zurück.“

D'Artagnans Pferd und der Stallbursche

D'Artagnan hat sich gerade einen jungen Rappen gekauft. Er führt ihn zu sich nach Hause und bringt ihn in den Stall. Kurze Zeit später beobachtet er den kleinen Charles dabei, wie er im Hof das angebundene Tier striegelt. Plötzlich ertönt eine laute Fanfare mit Pauken- und Trompetenklang. Wiehernd will der Rappe sich aufbäumen. Die anderen Pferde sind die Musik gewöhnt und zucken nicht einmal mit den Ohren. Da eilt d'Artagnan herbei und bindet das Tier los.

Zum Glück verstummt die Fanfare bald und das Pferd hört auf sich zu sträuben. Charles, der Stallbursche, macht den Musketier darauf aufmerksam, dass er wohl ein besonders furchtsames Pferd erworben hat. „Mag sein, dass es furchtsam ist, aber das wird sich bald legen", antwortet d'Artagnan. „Pferde haben Angst vor allem, was sie nicht kennen. Doch man kann sie an alles gewöhnen, was ihnen nicht weh tut. Diesen Rappen hier werde ich an die Geräusche der Kaserne gewöhnen. Übrigens habe ich ihn soeben ‚Ohnefurcht' getauft!"

Feuerwolke und Kleine Blume

Die Sioux-Indianer, bei deren Stamm Kleine Blume lebt, haben gerade ihre Zelte abgebaut und sind wieder einmal auf die Suche nach neuen Weidegründen für ihre Pferde. Da das Mädchen leicht ist, hat ihr Vater es auf sein müdes Jagdpferd Feuerwolke gesetzt. Gegen Mittag spürt Kleine Blume, dass das Tier hinkt. Sie springt zu Boden und ruft ihren Vater. Der Jäger schaut unter die Füße des Tieres und stellt fest, dass die Hufe abgenutzt sind. Er erklärt seiner Tochter, dass er mit diesem Pferd lange über steinigen Boden galoppieren musste, weshalb seine Hufe abgewetzt sind. Und dass die Indianer den Pferden keine „Eisenhufe" anlegen können, wie die Weißen es tun. So geht Kleine Blume zu Fuß weiter und führt das Pferd möglichst über weichen Boden. Ihrem Pferd Feuerwolke flüstert sie zu, dass es sich bald so lange wird ausruhen können, bis das Horn seiner Hufe wieder nachgewachsen ist.

Nomade und die Zigeunerin

Die Zigeuner haben ihr Lager aufgeschlagen. Gleich neben den Wohnwagen weiden die Pferde, angebunden an langen, leichten Kordeln. Der Vater der jungen Irma hat sich gerade eine graue Stute gekauft, die er an der Leine führt. Zum Grasen legt er das Pferd jedoch an eine schwere Kette.

Irma fragt ihn, warum er keine Leine benutzt wie für die anderen Pferde. Da erklärt ihr der Vater: „Du hast doch auch nicht an einem einzigen Tag lesen gelernt. Die Stute ist wie du! Sie braucht Zeit, bis sie alles Neue vestanden hat. Ich lege sie an eine Kette, weil eine Kette schwer ist. So kann das Tier sie sich nicht um die Beine wickeln und sich verletzen. Wenn die Stute sich erst einmal daran gewöhnt hat, werde ich die Kette durch einen dicken Strick ersetzen. Und wenn sie sich an den Strick gewöhnt hat, weiß ich, dass ich sie gefahrlos mit einer leichten Kordel anbinden kann. Dann wird sie ein echter Nomade sein wie wir!"

Apto de Hallier und der Jockeylehrling

Sabrina ist Pferdepflegerin und Jockeylehrling in einem Rennstall. Eines Morgens lässt der Trainer sie auf Apto de Hallier reiten. Sie soll einen langen Ausritt mit ihrem Lieblingsvollblut machen, aber nur im Schritt. Im Wald begegnet Sabrina einem älteren Herrn, der einen schönen Araber reitet. Sie begrüßen einander und bleiben stehen, um sich zu unterhalten. Sabrina ist sehr stolz, dass man ihr Apto de Hallier anvertraut hat, und sie kann es sich nicht verkneifen, von ihm zu schwärmen. Für sie ist dieses Vollblut das beste Pferd der Welt, ein Pferd, das alles machen kann!
Der ältere Herr lächelt und zeigt auf ein kräftiges Zugpferd, das gerade einen dicken Baumstamm zieht. Er fragt Sabrina, ob ihr Apto de Hallier das schaffen würde. Wohl oder übel muss sie zugeben, dass er das nicht könnte ...

Da meint der alte Herr: „Auf einer kurzen Strecke ist dein Pferd sicher schneller als meins. Aber es könnte nicht länger als eine Stunde galoppieren wie mein Araber. Und keines von unseren beiden Pferden könnte einen Baumstamm ziehen wie dieses Zugpferd dort. Jedes Pferd hat seine eigenen Fähigkeiten. Keines ist wie das andere."

Mansur und die kleine Beduinin

Wie jeden Tag streichelt Yasmina das junge Fohlen, das ihr Vater „Mansur" getauft hat. Sie tollt mit ihm herum, erzählt ihm ihre kleinen Geheimnisse, lacht. Und als sie in das schattige, große Zelt zurückkehrt, folgt Mansur ihr. Die Großmutter des Mädchens blickt ärgerlich drein. Sie kennt zwar die Traditionen ihres Stamms, doch Fohlen im Zelt, das mag sie nicht. Da lässt Mansur auch noch einen Pferdeapfel fallen! Die Großmutter zetert! Sie befiehlt Yasmina das kleine Pferd fortzuschaffen. Ehrfurchtsvoll gehorcht das Mädchen. Doch als Yasmina das Fohlen aus dem Zelt schieben will, kommt ihr Vater herbei und widersetzt sich: „Nein, mein Kind", sagt er, „das Fohlen darf mit uns im Schatten bleiben. Wir wollen, dass gute, brave Pferde bei uns leben. Doch wie soll das gehen, wenn die Tiere nicht mit uns in Berührung kommen dürfen? Solange sie noch klein und kraftlos sind, müssen wir sie umhegen, damit wir ihre Freunde werden. Auf keine andere Weise können wir für alle Zeiten ihr Vertrauen gewinnen."

Pegasus und der Page des Königs

Der König zieht durch die Stadt. Er reitet auf Pegasus, seinem neuen weißen Hengst. Nicolas, der kleine Page, geht zu Fuß im Gefolge mit und lässt des Königs Pferd nicht aus den Augen. Denn er findet es prächtig! Abends geht Nicolas in den Stall, um Pegasus zu besuchen. Er streichelt das Pferd. Es gefällt ihm so gut, dass er ihm eine Freude machen will. So wirft er einen ganzen Sack voll Getreide in seinen Futtertrog.

Am nächsten Tag kommt der kleine Page wieder, um nach dem Hengst zu sehen. Er trifft auf zwei Stallburschen, die das Tier pflegen. Die Männer sind wütend, denn Pegasus leidet an einer Hufrehe. Sie fragen sich, wer ihm bloß so viel Getreide geben konnte, dass er sich diese scheußliche Krankheit zugezogen hat. Nicolas begreift, dass er eine Dummheit begangen hat. Es ist gut, einem Pferd etwas zu naschen zu geben, aber wenn man dabei nicht sparsam ist, kann das katastrophale Folgen haben …

Spoky und der kleine Cowboy

Vor der Erfindung des Telefons lebte Frank mit seiner Familie auf einer Ranch, die 30 km von der nächsten Stadt entfernt lag. Eines Morgens konnten seine Eltern nicht aufstehen, weil starkes Fieber sie ans Bett fesselte. Franks Vater schickte den Jungen nach einem Arzt. Der Junge sattelte Spoky, das schnellste Pferd im Haus. Kaum war er aufgesessen, gab er ihm auch schon die Sporen und galoppierte von nun an ohne Pause. Das Tier, das bald ordentlich schwitzte, versuchte immer wieder langsamer zu laufen. Doch jedes Mal trieb Frank, der sehr um seine Eltern besorgt war, es heftig an. In der Stadt angekommen, wankte Spoky nur noch auf wackeligen Beinen vorwärts. Als der Arzt den jungen Frank ankommen sah, warf er ihm ärgerlich vor, er hätte beinahe sein Pferd umgebracht. Da Spoky nicht mehr in der Lage war, umzukehren, lieh der Arzt dem Jungen ein Pferd und beide machten sich auf den Weg.
Noch immer um die Eltern besorgt, begann der Junge, auch das neue Pferd zum Galopp anzutreiben. Doch der Arzt bremste ihn. So erreichten sie, abwechselnd im Schritt, im Trab und im kurzen Galopp reitend, die Ranch. Als sie vom Pferd stiegen, erklärte der Arzt dem Jungen: „Du kannst auch nicht stundenlang schnell rennen. Denk immer daran, dass es den Pferden genau so geht wie dir."

Weißhuf und die mongolische Reiterin

Einmal im Jahr veranstalten die Mongolen ein ganz sonderbares Pferderennen. Und das schon seit über tausend Jahren!

Die Steppe liegt in der warmen Morgensonne. Sina tritt aus der Familienjurte. Ihr Vater hilft ihr auf den Rappen Weißhuf aufzusitzen. Mit ihren sechs Jahren ist sie noch zu klein, um alleine auf das ungesattelte Pferd zu steigen. Kurz darauf stößt sie zu einem Dutzend junger Reiter, die kaum älter sind als sie selbst. Es sind die anderen Wettkampfteilnehmer.
Das Startzeichen ist gegeben. Sina braucht nur ihre Peitsche zu schwingen und sogleich galoppiert Weißhuf im kurzen Galopp los. Das Rennen dauert sehr, sehr lange. Die Zeit vergeht und Weißhuf hält sein Tempo. Er scheint sich gar nicht abzumühen. Gegen Mittag erreicht Sina den gelben Fels. Sie reitet um ihn herum und macht sich auf den Rückweg. Viele Wettkampfteilnehmer folgen ihr, andere reiten vor ihr her.

Nach und nach holt Weißhuf die vorauslaufenden Pferde ein. Manche sind schon sehr müde und gehen nur noch im Schritt. Der Rappe aber reitet immer noch im kurzen Galopp. Und als Sinas Vater ihn auf das Jurtenlager zukommen sieht, macht er einen Freudensprung. Sein Pferd ist Sieger, ist das beste von allen! Der große Mongole nimmt seine Tochter vom Pferd und setzt sie wortlos zu Boden. Dann lässt er sie fortgehen und wendet sich ehrfurchtsvoll an die versammelte Menschenmenge, um die Vorzüge seines Pferdes zu preisen. Sina kehrt zu ihrer Mutter zurück, die sie gar nicht danach fragt, wie das Rennen verlaufen ist. Und das Mädchen wundert sich auch nicht darüber, denn der Wettkampf wird nicht zur Beurteilung der kleinen Reiter veranstaltet. Der Zweck des Rennens ist zu zeigen, welche Pferde die besten sind. Deshalb lässt man sie auch von Kindern reiten. So werden sie nur gelenkt, aber nicht gehetzt. Mehr als alles andere zählt das Pferd!

Wörter, die du vielleicht nicht verstanden hast

Aalstrich: dunkler Fellstreifen auf dem Pferderücken, der vom Widerrist bis zum Schweif verläuft.
Abfohlen: die Geburt des Fohlens.
Abteilungsreiten: Reitunterricht in der Gruppe.
Anbindestrick: Leine zum Anbinden des Pferdes.
Apfelschimmel: Pferd, dessen Fell deutlich sichtbare graue, rundliche Flecke trägt.
Aufbäumen: das Pferd bäumt sich auf, indem es sich auf seine Hinterbeine aufrichtet (man sagt auch, „es steigt").
Ausreiter: jemand, der angespannte Pferde führt oder Führer beim Ausritt.
Austreten: mit den Hinterbeinen oder Vorderbeinen treten.

Brauner: rotbraunes Pferd mit schwarzer Mähne und schwarzen Beinen.

Cavaletti: sehr niedrige Hindernisse, die von dem Pferd nur einen kleinen Sprung verlangen.

Einstreu: das Material, was in den Ställen auf dem Boden der Box und des Standes verteilt wird, damit das Pferd es bequem hat. Meistens verwendet man Stroh, aber man kann auch Sägemehl, Hobelspäne usw. benutzen.

Flanke: Seitenpartie des Pferdes hinter der Stelle, an der der Reiter sein Bein hält.
Fuchs: Pferd mit fuchsrotem, das heißt rotbraunem Fell.
Führstrick: Leine oder Kordel, an der das Pferd geführt wird (es gibt auch Führketten).
Futtertrog: dort hinein gibt man das Futter für das Pferd.

Gangart: Art der Fortbewegung des Pferdes (Schritt, Trab, Galopp usw.).
Gaucho: berittener Rinderhirt der Pampa, einer weiten, flachen Landschaft in Argentinien.
Gebiss: Teil der Trense, das man in das Maul des Pferdes legt, um es lenken zu können (auch Mundstück genannt).
Geschirr: Sattel- und Zaumzeug, das dazu dient, das Pferd einzuspannen oder für das Reiten auszustatten.
Gestüt: landwirtschaftliches Gut, in dem Pferde gezüchtet werden.
Grube: Einkerbung über dem Auge des Pferdes.

Halfter: Zaumzeug für den Kopf, an dem man eine Longe oder einen Führ- bzw. Anbindestrick befestigen kann.
Hallenbande: abgeschrägter unterer Mauerteil in der Reithalle.
Halsriemen: Riemen, der um den Hals des Pferdes gelegt wird und an dem sich ein Anfänger festhalten kann, ohne dem Tier am Maul zu zerren.
Handwechsel: Der Reiter muss das Pferd in die entgegengesetzte Richtung lenken, zum Beispiel in der Reithalle die Kreisrichtung wechseln.
Hengst: fortpflanzungsfähiges männliches Pferd.
Hinterbein: hinteres Bein des Pferdes.
Hinterhand: hinterer Teil des Pferdes, bestehend aus Kruppe, Schweif und Hinterbeinen.
Hinterzwiesel: hinterer Teil des Sattels.
Hippologie: *siehe* Pferdekunde
Horseball: eine Art Basketball zu Pferde.
Hufkrone oder **Krone:** Die Stelle am Pferdefuß, an der Huf und Beinhaut aufeinander treffen.
Hufrehe: starker, schmerzhafter Blutzufluss in die Füße des Tieres, der auf zu reichhaltiges Futter zurückzuführen ist.
Huftier: Tier, dessen Füße in Hufen enden.
Hufzange: eine Art Kneifzange, die der Hufschmied verwendet.

Isabelle: hellbraunes, fast gelbes Pferd.

Kardätsche: grobe Bürste zum Massieren des Pferdes und zum Säubern seines Fells.
Kehlgang: mittlerer Bereich des Unterkiefers.
Kehlriemen: zur Trense gehörender langer, schmaler Riemen, der unter dem Hals des Tieres entlangführt.
Kolik: Bauchschmerzen, die oft durch falsche Ernährung verursacht werden.
Kruppe: hinterer Teil des Pferdes, der aus Oberschenkeln und Hinterbacken besteht.

Lade: zahnloser Teil des Pferdekiefers.
Longe: Riemen oder Gurtband, das am Halfter befestigt und zum Longieren (Im-Kreis-Führen und Trainieren des Pferdes) verwendet wird.

Mähne: die Haare, die auf dem Rücken des Pferdes wachsen.
Mähnenhaar: dicke Haare in der Mähne und im Schweif des Pferdes.
Mausgrauer: Pferd mit mausgrauem Fell, dessen Beine im unteren Bereich schwarz sind.

Nüster: Nasenloch des Pferdes.

Packpferd: Pferd, dem man zum Beladen einen Packsattel auflegt.
Packsattel: Sattel, der zum Beladen des Pferdes mit Gütern bestimmt ist.
Palomino: sehr helles oder goldfarbenes Pferd mit weißer Mähne und weißem Schweif.
Passgang: Gangart, bei der das Pferd beide Beine derselben Seite anhebt (rechtes Vorder- und Hinterbein, linkes Vorder- und Hinterbein). Der Passgang ist für den Reiter sehr bequem.
Pferdekunde: Lehre vom Pferd.
Pferdepfleger: Person, die im Stall die Pferde pflegt, also sich um das Futter, das Putzen des Pferdes und die Reinigung der Box kümmert.
Polo: Pferdesportart, bei der die Reiter auf einem Spielfeld mit zwei Toren einen Ball mit einem so genannten Hammer hin- und herschießen.
Putzen: die gesamte Körperpflege des Pferdes.

Reithalle: überdachter Reitplatz, in dem man reiten lernt und trainiert.
Reitkissen: weicher Sattel ohne Sattelbaum; wird meist für Ponys verwendet.
Reitpferd: Pferd, das für die Arbeit unter dem Sattel benutzt wird.
Reitplatz: offener, eingezäunter und mit Sand bedeckter Platz, auf dem man reiten lernt oder Spiele macht.

Sattelbogen: festes Sattelgerüst.
Schecke: Pferd mit einem weißen Fell, in dem größere Partien schwarz oder braun sind.
Schopf: die Mähnenhaare, die auf die Stirn des Pferdes fallen.
Sitz: Sitzfläche des Sattels; auch die Art, wie der Reiter im Sitzen auf das Pferd einwirkt.
Stand: Abgetrennter Bereich, in dem man im Stall ein Pferd anbindet.
Stern: sternförmiges Abzeichen auf der Stirn des Pferdes.
Stichelhaar: So nennt man ein Pferd, dessen Fell drei Haarfarben aufweist: Weiß, Schwarz und Fuchsrot.
Striegel: grobzinkige Bürste, mit der man das Fell des Pferdes säubert.
Striegeln: Massieren und Säubern des Pferdes mit dem Striegel.

Trense: aus einem schmalen Eisenrohr bestehendes Gebiss am Pferdezaum; die Trense bezeichnet oft auch das gesamte Zaumzeug.

Vibrissen: lange Tasthaare an Ohren, Lippen und Kinn des Pferdes.
Vorderbein: vorderes Bein des Pferdes.
Vorderzwiesel: vorderer Teil des Sattels.

Wallach: kastriertes männliches Pferd, das sich nicht mehr fortpflanzen kann.
Wassertrense: in der Mitte geteiltes Gebiss.
Weide: Ort, an dem Tiere grasen, also Gras fressen.
Weiß gefesseltes Pferd: ein Pferd mit weißen Fesseln (manche Pferde sind auch „weiß gestiefelt“).
Widerrist: Stelle auf dem Rücken des Pferdes, am Halsansatz; oft sitzt dort ein kleiner Höcker.

Zaumzeug: Trense und Kopfstück, die dem Pferd zum Reiten angelegt werden.
Zügel: Riemen, die am Trensengebiss befestigt werden und das Lenken des Pferdes ermöglichen.

Verzeichnis all dessen, was du in diesem Buch findest

Wichtige Adressen rund ums Pferd

- Deutsche Reiterliche Vereinigung e. V. (FN)
  Freiherr-von-Langen-Str. 13
  D-48231 Warendorf
  Telefon: 0 25 81/6 36 20

- Vereinigung der Freizeitreiter in Deutschland e. V. (VFD)
  Am Bauernwald 5 b
  D-83739 München

- Verein Deutscher Distanzreiter und -fahrer e. V.
  Habichtsstraße 77
  D-45527 Hattingen
  Telefon: 0 23 24/2 38 41

- Erste Westernreiter Union Deutschlands e. V.
  Dorfstraße 5
  D-56305 Niederähren
  Telefon: 0 26 84/97 90 98

- Islandpferdereiter und-züchter Verband (IPZV)
  Tränkepforte 3
  D- 34117 Kassel
  Telefon: 05 61/77 82 32

- Internationale Gangpferde-Vereinigung (IGV)
  Peter-Staffel-Str. 13
  D-53604 Bad Honnef
  Telefon: 0 22 24/8 96 37

- Deutsche Wanderreiter Akademie
  Tannenweg
  D-56410 Reckenthal/Montabaur
  Telefon: 0 26 02/1 85 07

- Erster Trekking Club Deutschlands e. V. (ETCD)
  Geschäftsstelle Andrea Marek
  Crailsheimer Str. 11
  D-74423 Obersontheim
  Telefon: 0 79 73/91 06 20

- FS-Reitzentrum Reken
  Frankenstr. 37
  D-48734 Reken
  Telefon: 0 28 64/24 34

Bildnachweis

Die Fotos schuf Gilles Delaborde.
Außerdem stellten Fotos zur Verfügung:

Cogis
Seite 26 (or): Monnier;
Seite 115 (u): Farissier;
Seite 151 (u): Vidal.

Colibri
Seite 23 (o): J. Joannet;
Seite 23 (m): J.-A. Mayet;
Seite 38 (u): A. Guerrier.

Explorer
Seite 152 (o): J.-M. Bertrand;
Seite 152 (u): P. Le Floch;
Seite 153 (ol, or und u): P. Le Floch.

Milan
Seite 34 (or): P. Massacret;
Seite 76 (or), Seite 89 (ur): D. Chauvet.

Brigitte Blanche: Seite 31 (ol).
Anne-Marie Le Mut: Seite 32 (ur).
Constance Rameaux: Seite 41 (o).

Einband:
ZEFA und Fotos aus dem Innenteil

Illustrationen

von Danièle Schulthess
Seite 162–175: Laurence Cleyet-Merle